W0189801

Kurt Hofmann

Friedrich Gulda

Mein ganzes Leben ist ein Skandal

WILHELM HEYNE VERLAG
MÜNCHEN

HEYNE SACHBUCH
Nr. 19/243

Dieses Buch entstand unter Mithilfe von:

Dr. Peter H. Bönsch
Sepp Dreissinger
Hannes Eichmann
Dr. Hedwig Millian
Gudrun Wind

Ungekürzte Taschenbuchausgabe
im Wilhelm Heyne Verlag GmbH & Co. KG, München
Copyright © 1990
by Langen Müller in der F. A. Herbig Verlagsbuchhandlung GmbH, München
Printed in Germany 1993
Umschlagfoto: Sepp Dreissinger
Umschlaggestaltung: Atelier Adolf Bachmann, Reischach
Satz: Fotosatz Völkl, Puchheim
Druck und Verarbeitung: Ebner Ulm

ISBN 3-453-06032-6

INHALT

VORBEMERKUNG

Friedrich Gulda wurde am 16. Mai 1930 in Wien geboren. Den ersten Klavierunterricht erhielt er mit acht Jahren am Konservatorium der Stadt Wien bei Felix Pazofsky. Ab dem zwölften Lebensjahr studierte er an der Staatsakademie für Musik und darstellende Kunst Klavier bei Bruno Seidlhofer, Theorie und Komposition bei Joseph Marx.

Mit seinem ersten Preis beim Internationalen Musikwettbewerb in Genf begann 1946 eine unvergleichlich glanzvolle Karriere als Konzertpianist, die ihn aber ab Mitte der fünfziger Jahre nicht mehr allein befriedigte. »Es stört mich, daß die afro-amerikanische Musik aus unserem Konzertbetrieb beharrlich ausgeklammert wird.« Der junge geniale G. notiert 1954 in sein Tagebuch: »Die Großen des Jazz sowie Bach und Mozart sollen meine Vorbilder sein« und fordert »die Erweiterung der musikalischen Geographie«. Mit zäher Energie und dem vollen Gewicht seines großen Namens hat der Pianist in gemischten Konzerten und durch interessante Eigenkompositionen an dieser Erweiterung maßgeblich mitgewirkt.

In zunehmendem Maße rückte er Anfang der Sechziger den Jazz immer stärker ins Zentrum seiner Aktivitäten, organisierte 1966 einen spektakulären Wettbewerb für 116 Nachwuchsmusiker aus 24 Ländern und präsentierte in verschiedenen Besetzungen vieldiskutierte Alben wie »Music For Four Soloists And Band« oder zum Beispiel »Donau So Blue«, eine Platte, auf der er – lange vor der sogenannten »Dialektwelle« – als Sänger Golowin Affinitäten zwischen entkitschtem Walzer und Blues aufspürt.

Gulda, der 1968 mit der Einspielung sämtlicher Beethovensonaten den Deutschen Schallplattenpreis erhielt, der 1969 mit seiner Rede zur Verleihung und der Rückgabe des Beethoven-Ringes bewußt wieder einmal einen Skandal heraufbeschwor, dem »E-Musik-betrieb« aber nie ganz den Rücken kehrte, erweiterte seit den siebziger Jahren seinen musikalischen Aktionsradius erneut. Er initiierte »Weltmusik-Festivals« in Ossiach, Viktring, auf Schloß Moosham und in Salzburg, spielte mit der Gruppe Weather Report als auch mit der Gruppe Anima und später mit der Sängerin und Percussionistin Ursula Anders. Mit Chick Corea, mit dem Gulda beim Berliner Klaviersommer auftrat, spielte er Mozarts Konzert für zwei Klaviere sowie eigene Werke ein.

Es ist unglaublich, wie schnell sich der verwandeln kann«, sagt Joe Zawinul, Wiener Jazzmusiker mit Weltgeltung, über seinen virtuosen Förderer.

Für Guldas Bach-, Beethoven-, Debussy- und Mozart-Interpretationen wie für seine Jazz-Aktivitäten und »weltmusikalischen« Versuche gilt nur eine Maxime: »Spiele jeden Ton so, als ob es um dein Leben ginge.«

Friedrich Gulda gibt selten Interviews. Mit Kurt Hofmann, Redakteur im ORF-Landesstudio Salzburg, war er bereit Gespräche zu führen, die zwischen 1980 und 1990 in Salzburg, Wien, Paris und Weißenbach am Attersee aufgezeichnet wurden.

Der vorliegende Band enthält ausschließlich Originalaussagen Friedrich Guldas, die Kurt Hofmann nach Themen geordnet und mit zahlreichen erstmals veröffentlichten Photos ergänzt hat.

1
MEIN GANZES LEBEN IST EIN SKANDAL

Die Tatsache, daß ich existiere, ist für viele ein Skandal. So ein Leben ist ein Skandal, wenn einer ständig – lebenslänglich – das macht, was man nach landläufigen Kriterien eben nicht tut. Man spielt nicht Mozart oder Beethoven und geht zwei Stunden später in den Jazzclub. Ich führe kein normales Leben. Es gibt gewisse Dinge, die ich nicht mache, grundsätzlich nicht mache, die aber alle machen. Zwei verhältnismäßig harmlose Beispiele: Ich bin nicht versichert, und ich wähle nicht. Und daß einer so denkt und auch so lebt, das ist ein Dauerskandal, und wenn das sichtbar wird durch gewisse Ergebnisse, dann ist es halt wieder einmal sichtbar geworden. Im Grunde ist so meine ganze Existenz, seit sie es gibt, ein Skandal.

Die Behauptung, ich bin schwierig, unberechenbar, man kann mit mir nichts ausmachen, auf mich ist kein Verlaß und anderes mehr, ist eine Verleumdung. Eine dreiste Verleumdung. Ich bin einer der pünktlichsten, zuverlässigsten und ordentlichsten Menschen – an der Grenze zur Pedanterie. Aber das passiert mir ständig, daß ich mißverstanden werde. Im übrigen kann ich wirklich keine Rücksicht darauf nehmen, ob ich mißverstanden werde oder nicht. Damit muß ich leben, genau so wie der Michelangelo oder der Beethoven. Die sind ja auch vielfach mißverstanden worden.

Für mich ist ein Leben, wo man fünf Tage in der Woche ins Büro muß und pensionsberechtigt ist und sich schon ausrechnet, wann man in die nächsthöhere

Gehaltsklasse kommt, das ist mir völlig fremd, interessiert mich auch nicht. Dies führt unter Umständen dazu, daß die Leute sagen: »Der Gulda will nur sich verstehen, der akzeptiert nichts anderes.« Ich akzeptiere das durchaus. Nur, das Leben, das die Mehrheit lebt, ist für mich völlig unvorstellbar. Wenn ich länger in einer Stadt bleiben müßte, ich wäre todunglücklich. Die, die ich kenne, die so leben, sind grundanständige, natürlich fade Menschen. Daß die mich schwer verstehen, was soll's, umgekehrt ist es auch so.

Ich kann diese exklusive Fixierung auf die Musik und was damit zusammenhängt nicht als Mangel empfinden. Gut, wenn man beim achtundzwanzigsten Konzert einer Tournee in irgendeiner mir völlig gleichgültigen amerikanischen Stadt sitzt, dann ist man schon sehr allein. Natürlich unangenehm. Wenn man in irgendeinem Nest hängt und auf das Flugzeug wartet und dazwischen ein Konzert gibt. Es gibt nichts zum Anschauen, niemand, mit dem man was Vernünftiges reden kann. Entsetzlich, diese amerikanischen Städte. Die Provinz ist was Gräßliches, und die amerikanische Provinz ist das Allergräßlichste. Da kann man schon sehr unglücklich sein. Im Quartett geht's. Ich habe mit so ein paar Hansln eine Amerikatournee gemacht, da kann man wenigstens a bißl an Schmäh führ'n.

Wichtig ist doch, wer was will. Ich will Musik machen, und die Leute wollen einfach diese gewisse Faszination haben, für die ich gar nichts kann. Oberflächlich betrachtet sagen sie, ja der kann halt sehr gut Klavier spielen, aber im Grunde wollen sie aus ihrer Zerstreutheit und Zerfahrenheit für eine bestimmte Zeit herausgerissen werden. Dadurch, daß man ihnen es vormacht und immer wieder vormacht, daß man sich auf eine Sache voll und ganz konzentriert, mit ihr identisch ist.

Ob sie dann hinterher sagen, das ist ein Narr, oder ob sie hinterher sagen, das ist ein Genie – was ja im Durchschnittshirn ohnehin mehr oder weniger das gleiche ist –, das ist egal. Sie wollen, daß jemand etwas von dieser Kraft an sie abgibt.

Es gibt in mir, ganz tief drinnen, im Kern, irgend etwas, worüber ich gar keine Kontrolle habe. Ich weiß nicht, was das ist. Ich habe dieses Gefühl zum erstenmal 1946 bei diesem internationalen Genfer Wettbewerb erfahren, als sechzehnjähriger Bub, an einer bestimmten Stelle des Konzertes, da kam das Gefühl auf, ich spiele nicht selbst, sondern »es« spielt. Da geht es einem dann kalt den Buckel runter, wenn man besonders drinnen ist, wenn es eben richtig ist, wenn sich das erfüllt, was man eigentlich will. Später habe ich dann gelernt, daß das einem nicht von selbst zufällt, sondern daß man sich das immer wieder aufs neue erkämpfen muß, dieses Gefühl. Ich habe angenommen, das geht so weiter, ganz leicht – »Oh, das ist es, und das mache ich ab jetzt immer« –, und war schwer enttäuscht, daß man da auch was tun muß dafür. In meinen besten Momenten habe ich das Gefühl, das bin gar nicht ich, und von diesen besten, entscheidenden und wichtigen Momenten abgesehen, ist meine Selbsteinschätzung normal. Ich lebe meinem Beruf angepaßt, wie ein relativ normaler Mensch. Ich esse nichts Außergewöhnliches, ich mache auch nichts Außergewöhnliches, und die, die sagen, daß ich schwierig bin, sind selber schwierig. Ich bin, wie ich bin, und aus.

Ein amerikanischer Kritiker hat einmal geschrieben: »Die beiden Besten sind auch die Schwierigsten und Unzuverlässigsten.« Es mag sein, daß gewisse Parallelen vorhanden sind zwischen dem Glenn Gould und dem Gulda. Auch die Skepsis gegenüber diesem Musikbetrieb, auch sich ganz oder teilweise diesem Betrieb zu entziehen. Es gibt da schon Ähnlichkeiten, aber auch einen ganz gravierenden Unterschied. Ich habe eine Alternative gefunden, und diese Alternative hat der Gould nicht gefunden, vielleicht auch gar nicht gesucht. Heute ist ja alles zu einem Hochleistungssport verkommen, und das, worauf es ankommt, bleibt auf der Strecke. Das hat doch mit Liebe, Wohlbefinden, Vergnügen und Spaß nichts mehr zu tun. Deshalb gab es für den Gould gar keine andere Möglichkeit als den halben Selbstmord. Das war doch nichts anderes. Er ist gestorben mit zweiundfünfzig Jahren. In Wirklichkeit war das Selbstmord. Er ist an der Situation verzweifelt. Das bin ich auch, aber ich habe einen Ausweg gefunden, ich bin in den Jazzclub gegangen und glücklich geworden, und er nicht. Ich mach' ihm das nicht zum Vorwurf, ich finde das sehr tragisch, aber ich will diesen Unterschied nur sehr deutlich herausstellen. Für mich war es ja auch nicht so leicht. Es war ein lebenslanger Kampf. Heute bin ich relaxed und extrovertiert, und ich habe diese schwachsinnige Enge meiner akademischen Herkunft endgültig überwunden.

Manches von Gould finde ich aber wirklich abstoßend. Wenn ich da nur an das Italienische Konzert denke. Da gibt es eine Aufnahme, schlimm und grundfalsch, auch in einer schlechten Weise. Dann die mit Recht sehr berühmte Aufnahme von den Goldberg-Variationen. Es gibt ja zwei, die hat mich ziemlich vom Stühlchen gehaut. Dann habe ich ihn einmal live gehört, in den Urzeiten, in den fünfziger Jahren. Da hat er das d-Moll-Konzert von Bach gespielt unter der Leitung von Bernstein in New York. War auch großartig. Persönlich habe ich ihn nie kennengelernt. War auch nicht notwendig, warum auch.

Die Ähnlichkeit unserer Namen hat einmal zu einer Groteske geführt. Mein Management hat mich nach Moskau vermittelt, ohne mein Wissen natürlich. Ich fahr' doch nicht nach Moskau, jedenfalls nicht in den vergangenen Jahren. Ich mag den sich jetzt zum Glück auflockernden Kommunismus, den anderen mag ich nicht. Ich halt' das nicht aus. In solche Länder bin ich nur ganz selten und höchst ungern gefahren. In die Tschechoslowakei, nach Rumänien. Ich finde diese ganze Atmosphäre unerträglich. Die Menschen dort tun mir furchtbar leid, aber trotzdem finde ich das sehr schwer zu ertragen, was zur Folge hatte, daß ich in der Sowjetunion überhaupt nie war und in den Satellitenstaaten, solange sie nichts als das waren, so gut wie nie. Ich freu' mich, jetzt fahre ich sicher auch nach Ungarn oder Polen, also zu denen, die halbwegs Vernunft angenommen haben, was ja wirklich allerhöchste Zeit war.

Also, da hat mich mein Management hinter meinem Rücken bei der staatlichen russischen Konzertagentur angeboten, und die haben abgesagt mit der Begründung, sie wollen mich nicht engagieren, weil der ja gerade da war. Da hat sich herausgestellt, das war der kanadische Kollege Gould, die haben das verwechselt. Typisch staatliche Konzertagentur, also keine Ahnung. Das machte auch nichts, ich habe nur sehr gelacht, denn ich wäre eh nicht hingefahren. Damit war der Fall Moskau für mich wieder einmal erledigt.

Andererseits Amerika. Das ist so ein Konglomerat von dem, was wir da in Europa haben. Wenn's nicht für die Jazzmusik wäre, müßte ich Amerika wirklich nicht haben. Das habe ich den Amerikanern auch gesagt, die waren schwer beleidigt. Ich fühle mich ja auch – ich bin in Wien geboren, dort aufgewachsen, habe dort studiert – in erster Linie als Österreicher, aber in zweiter

Linie sehr stark als Kosmopolit, und da als Europäer. Meine weitere Heimat ist dann Deutschland, Schweiz, Italien, Frankreich, Spanien inklusive aller Nachbarländer.

Bei den Kollegen, die auch aus der Wiener Schule kommen, besteht natürlich ein gewisses Konkurrenzverhältnis, und da hatte ich das Glück, oder das Pech, daß ich diese Konkurrenz immer gewonnen habe. Jeder war bestenfalls die Nummer zwei. Es gab da nie eine Diskussion. Sogar der Brendel, der inzwischen Weltbedeutung bekommen hat, ist gegen mich immer abgesunken. Dieses Konkurrenzverhältnis war für mich teils erfreulich, teils fad, ich war sowieso immer der Bessere. Was soll ich dann noch. Natürlich wird man auch international miteinander verglichen, auch dort gibt es ein gewisses Konkurrenzverhältnis, aber das ist nie so scharf, wie wenn man aus derselben Schule kommt. Ich habe zum Beispiel zum Michelangeli oder zum Rubinstein – ich kannte beide, ich war nie mit denen befreundet – immer ein distanziertes Verhältnis gehabt, habe mir die aber mit Interesse angehört und habe mir gedacht: »Ah, so kann man auch Klavier spielen.« Also, ich hab' das zwar als andersartig, aber als bewundernswert akzeptiert.

Der Horowitz, muß ich dir sagen, der hat mir immer weniger gefallen. Dieses Tastentigern, dagegen wurde ich durch die Schule, durch die ich gegangen bin, immunisiert. Alle ernstzunehmenden Wiener Musiker, darunter auch mein Lehrer, haben sich gehütet, diese Art des Klavierspielens zu überschätzen, wie es das Publikum weltweit getan hat. Man hat gesagt, na gut, der kann sehr schnell und sehr laut und meinetwegen mit Klangkultur Tschaikowsky donnern, auch noch die Tochter vom Toscanini heiraten, aber trotzdem hat der von der Musik, die wichtig ist, leider sehr wenig Ahnung. Darum habe ich Schwierigkeiten gehabt, den Herrn ernst zu nehmen. Und dieses Angebertum, das ist mir einfach widerwärtig, ohne die wirklich entsprechende Basis. Gut, der ist gestorben, und man soll über Tote nicht schlecht reden, aber mir hat das nie imponiert, und dann mußte ich irgendeine Sonate von Haydn hören, und er ist da gestanden wie die Kuh vorm neuen Tag, es war nur peinlich. Für die Amerikaner natürlich nicht, die versteh'n eh nichts, oder denen ist das Wurscht, aber mir ist das zufällig nicht Wurscht, mir ist das das Wichtigste.

Beim Rubinstein war das anders. Der hatte Charme, und der war auch nicht so ein Tiger. Da war eine gewisse Lockerheit bei höchster Seriosität. Ich hab' mir jetzt wieder eine Videoaufnahme von einem Chopin-Konzert angeschaut, und das höre und sehe ich immer noch mit größtem Vergnügen. Obwohl das auch eine fremdartige Schule ist, aber der hat nicht diesen finsteren Fanatismus und dieses abscheuliche Gedonnere, und bei aller Perfektion war der immer ein Weltmann, und das hatte Charme und hat es bis heute. Außerdem kann er – wofür ich sehr empfindlich bin – das Klavier schön zum Klingen bringen, daß man einen Klangsinn entwickelt, daß das einfach schön ist. Und da muß ich die Meisterschaft vom Herrn Rubinstein und vom Herrn Michelangeli – von mir selber einmal abgesehen, in aller Bescheidenheit – muß ich wirklich bewundern. Wenn die das Instrument angreifen, dann klingt das, das ist wunderbar, und es gibt andere, die hacken darauf herum, auf den besten Instrumenten, und es ist zum Kotzen.

Dieser wichtige Klangsinn ist auch schuleüberschreitend und auch was ganz Besonderes und Seltenes. Indirekt ist der Chick Corea ein Schüler vom Michelangeli. Der hat bei einem Schüler von ihm Klavier gelernt, und auch ihn zeichnet unter den Jazzpianisten ein ganz besonders schöner und sofort erkennbarer heller, kristallklarer Klang aus. Ich weiß das, der hat bei mir ein bißchen Mozart gelernt – und das hört man.

Von der anderen Fakultät war so ein Fall der verstorbene Karajan. Da habe ich mir auch oft gesagt, abgesehen von diesem und jenem und Interpretation auch blöd und so, aber das Orchester klingt einfach phantastisch. Wie macht der das? Der hat eben auch dieses gewisse Gefühl gehabt.

Einer, von dem ich was gelernt hab' im klassischen Bereich, ist der längst verstorbene Alfred Cortot. Der hat mich umg'haut in meiner Jugend. Heute weiß ich auch warum. Der hat nicht Klischee gespielt. Bei ihm hab' ich immer das Gefühl gehabt, der spielt eben so wie der Cortot und wie kein anderer. Dem bin ich sogar nachgereist.

Was meine Person betrifft, ich habe zu mir selber nicht diese Distanz, aber ich bin, seit ich mich erinnern kann, von den zuständigen Herrschaften – seien es jetzt Kritiker oder Kollegen – sofort in diese Kategorie eingereiht worden. Also wird da schon was dran sein, und wenn ich mich manchmal so höre, mit einem gewissen Abstand, zum Beispiel die alten Beethovensonaten, da muß ich sagen, klavieristisch ist das umwerfend. Und dann versteh' ich, wieso ich so berühmt wurde und so schnell.

Der Michelangeli hat ja den internationalen Klavierwettbewerb in Genf als letzter vor dem Krieg gewonnen, im Jahre '39, und ich als erster nach dem Krieg. Also schon dadurch hat man mich ständig mit ihm verglichen, obwohl wir, wie alle wissen, völlig verschieden

16

Sepp Dreissinger, Wien

In Weißenbach am Attersee, 1980

Sepp Dreissinger, Wien

Beim Einspielen

Sepp Dreissinger, Wien

Im ORF-Landesstudio Salzburg

Sepp Dreissinger, Wien

Beim Komponieren in seinem Privatstudio

Sepp Dreissinger, Wien

Vor der Morgentoilette

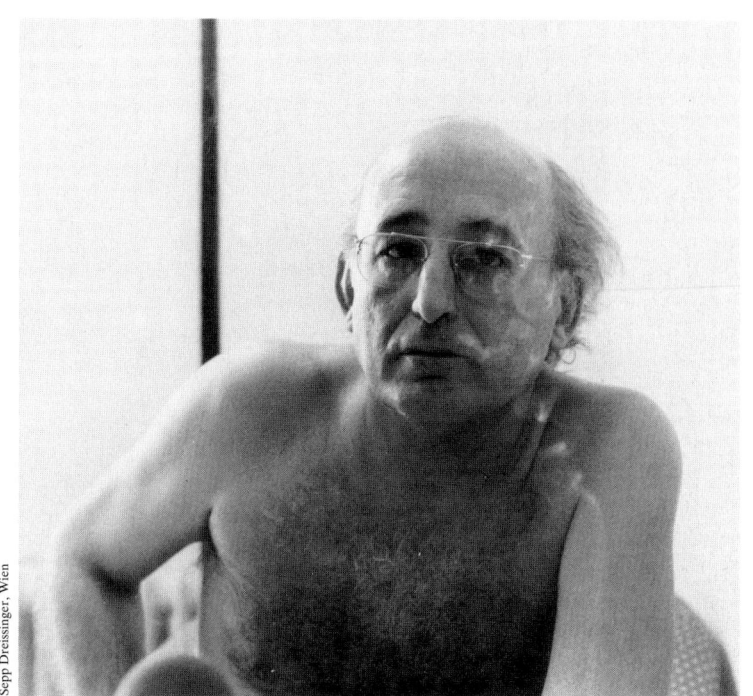

Beim ersten Interview

Sepp Dreissinger, Wien

Im Münchner Cuvilliés-Theater

sind. Der muß ein furchtbares Leben haben, jemand, der so selbstkritisch und wirklich nie zufrieden ist, und dieses ewige Schinden rundherum, er ist ein armer Kerl, ein Sklave seiner ungeheuren selbstkritischen Perfektionswut. Daher kommt auch dieses ewige Theater mit seinen Klavieren. Nicht nur er genügt sich selbst so gut wie nie, es genügt ihm auch nie ein Instrument. Das ist dieser selbstzerstörerische hohe Anspruch, den er an sich richtet, und deswegen gilt er als schwierig. Das ist nicht Allüre, er ist einfach ein Opfer seines Anspruches an sich selbst. Ich muß das anerkennen, was der alte Herr sich da abverlangt.

Im Zusammenhang mit dem Benedetti Michelangeli wurde mir vorgeworfen, daß ich die Leute verarsche, vor den Kopf stoße. Das war vor ein paar Jahren, da haben zwei Kollegen plötzlich Konzerte abgesagt. Der eine, der Serkin, hat zwei Konzerte im Musikverein in Wien abgesagt, und der andere, der Michelangeli, eines im Konzerthaus. Mir kam das zupaß. Damals hatte ich eine besonders große Freude am Klavierspielen und habe mir gedacht: »Fein, der eine ist krank, der andere spinnt wieder einmal. Also nichts wie hin.« Ich hab' die betreffenden Herrn angerufen, die waren natürlich heilfroh, und hab' dort einen kleinen Gulda-Zyklus aus dem Boden gestampft.

Mir hat das sehr gut gefallen, dem Michelangeli-Publikum weniger. Das ist ja ein ganz besonderes Publikum. Das sind meistens ältere, reiche, feine italienische Damen – schrecklich –, die ihrem Idol nachreisen. Nur hat das Idol wieder einmal abgesagt, und ich spielte nun aus Jux und Tollerei für dieses Publikum, das mir wirklich nicht sehr gelegen ist, und ich natürlich denen auch nicht, speziell deswegen, weil ich im zweiten Teil dieses Konzertes mit der Limpe Fuchs »free«

im Duo gespielt habe. Kannst dir vorstellen, wie die geschaut haben. Aber sie waren nicht einmal schlecht erzogen, sie sind nur gegangen – dreißig bis vierzig Prozent – und haben kundgetan, daß sie das nicht interessiert. Des macht ja nix. Ich wollte denen ja nicht entgegentreten, ich habe nur die Gelegenheit wahrgenommen, einen nach meinen Begriffen sinnvoll programmierten dreiteiligen Gulda-Zyklus zu spielen.

Beim Michelangeli fühlt sich das Publikum verarscht, weil er oft nicht kommt, bei mir – höre ich –, weil ich bei meinen Konzerten nicht ankündigen will, was ich spiele. Ich bin doch kein Narr und laß' mich da irgendwo reinpressen! Außerdem geh' ich ja auf das Publikum ein. Was ich jedoch spiele, hängt von meiner Interessenlage und eben stark davon ab, wie das Publikum reagiert. Also ich komme raus, und mit irgend etwas muß ich ja anfangen. Also ein Schuß ins Dunkle, und irgendwie spür' ich das, was den Leuten gefällt und worauf sie besonders ansprechen und in welchem Grade und in welcher Richtung sie den Ablauf des Konzertes mitbestimmen. Danach richtet sich im Idealfall der weitere Verlauf des Abends.

Meistens nehme ich mir für den ersten Teil, also etwa bis zur Pause, was vor. Aber es ist eine Erfahrungstatsache, daß sich bis zur Pause die Atmosphäre so weit gelöst hat, daß man mit den Leuten »spielen« kann. Nicht nur mit der Musik und dem Instrument, sondern auch mit den Leuten, daß sich ein gewisses Hin und Her ergibt, wo man das Konzert sich entwickeln läßt nach den gegebenen Umständen, das ist der Ort, der Saal, das Instrument und die Leut'.

In mein Tagebuch habe ich vor langer Zeit einmal geschrieben: »Die Liebe zwang noch stets zur Gegenliebe, warum also um den Erfolg bangen.« Und weiter:

»Der Erfolg stellt sich von selbst ein, wenn man dem Publikum mit der richtigen Einstellung gegenübertritt.« Also wenn man die Leute nimmt, von der Bühne, und sie akzeptiert in einer gewissen Weise, auch wenn man leider manchmal gezwungen ist, sie zu züchtigen, aber das ist die Ausnahme. Ich spiele sehr gerne mit den Leuten, das heißt, was von unten vom Publikum – so es ein gutes Publikum ist – kommt. Ich würde fast sagen, es ist beinahe ein erotisches Verhältnis. Das ist zwar kein erotischer Kontakt im engeren Sinn, aber im erweiterten sublimierten Sinn ist er das sehr wohl, wenn man mit den Leuten spielt und ihnen Freude macht und die durch ihre Anerkennung wieder mich aufgeilen. Das ist eine Art Liebesspiel.

Um bei diesem Bild zu bleiben – »Die Liebe zwang noch stets zur Gegenliebe« –, es ist ja auch mit den Frauen so, wenn du einer Frau nett entgegenkommst und sie das Gefühl hat, du stehst auf sie, echt, dann steht sie automatisch auch auf dich. Also mir ergeht es jedenfalls so. Gut, ich bin kein großer Frauenheld, weil mich das eben erst in zweiter Linie interessiert. Aber aus der Erfahrung, wenn du zu einer Frau nett bist und ihr das Gefühl vermittelst, »Ich gefalle dem, innerlich, äußerlich«, dann geht das hin und her, dann brauchst keine aufwendigen Unternehmungen und irgendwie blöd »einbraten«. Die will nur, daß du ihr das Gefühl gibst, daß du auf sie stehst.

In den siebziger Jahren war das Verhältnis zum Publikum besonders schwierig. Das war eine sehr stürmische Zeit, und ich hatte große Mühe, mich gegen den gewohnheitsmäßigen Druck der Veranstalter zur Wehr zu setzen, die immer gesagt haben, wir wollen ein Programm – vorher. Und ich wurde dann weich und habe gesagt: »Na dann schreiben Sie halt in Gottes Namen irgendwas auf Ihren Zettel drauf, aber ich mache Sie gleich darauf aufmerksam, daß ich mir das Recht vorbehalte, das in jedem Moment zu ändern.« Und das habe ich auch sehr oft getan, und das wurde dann halt mißverstanden. Hinterher habe ich zu dem Veranstalter gesagt, na hätten S' halt nichts geschrieben, nur Friedrich Gulda und aus. Na wissen Sie, das können wir nicht, und so weiter. Lauter Schwachsinn. Man hat da also zu kämpfen gegen Kleinmut und Gleichgültigkeit, Verständnislosigkeit und einfach ein gewisses Gewohnheitsrecht als einziges Argument für die immer wieder verlangte Programmangabe. Das war immer so, und deswegen muß das auch so bleiben. Sie sind aus dieser Gruft nicht herauszukriegen. Da gab es jede Menge Mißverständnisse und Skandale und Wirbel rundherum und was weiß ich noch alles.

Dieser Standpunkt war Teil des ideologischen Programms, er ist auch Teil meines Charakters. Ich glaube nach wie vor sehr an den Wert der augenblicklichen Eingebung – so radikal wie in den siebziger Jahren nicht mehr. Gleichwohl bleibt da immer etwas drinnen, sowohl was die Vorankündigung als auch die Gestaltung der zu spielenden Stücke selbst betrifft, daß immer genug Spielraum sein muß für das Momentane, das Unvorhergesehene, das Improvisatorische. Mein großer Freund Zawinul hat einmal zu mir gesagt: »Wast, die besten Überraschungen san de, von denen man selba überrascht is.« »Wem sagst du das«, hab' ich gesagt, »als ob ich das nicht wüßte.« Da haben wir beide sehr herzlich gelacht und uns vollkommen verstanden.

In Italien hab' ich ein paar Konzerte gegeben, wo die Veranstalter in diesem schönen Land sich damit begnügt haben, einfach Gulda anzukündigen ohne nähere Angaben. So hatte ich völlige Freiheit und habe eben das gespielt, womit ich mich zu dieser Zeit befaßte.

Was für mich selber ein bißchen überraschend kam, ist, daß meine immer schon vorhandene Verehrung für den unsterblichen Großmeister Wolfgang Amadeus – ohne mein Zutun, und ich weiß nicht genau warum – in einer Weise zugenommen hat, daß ich auf meine alten Tag' dem Mozart viel Zeit widmen werde. Natürlich auch schon früher, wenn ich an »Mozart For the People« in Wien denke. Oder wenn ich an ein Konzert mit dem Randy Newman denke. Das ist ein Rocksänger, und zwar ein sehr guter, und der hat sich ein Vorprogramm gewünscht, weil er das von Amerika so gewohnt ist, daß irgendein Gitarrist, bevor das Hauptprogramm kommt, drei oder vier Lieder singt, damit das Publikum eingestimmt wird. Der hat eben dem Wiener Manager kundgetan, er möchte ein Vorprogramm. Ich habe davon Wind bekommen und hab' mir g'sagt, du, das ist eine wunderbare Gelegenheit, weil ich da sicher sein kann, daß da kein einziger Klassiktyp drinnen sitzt. Die gehen dort nicht hin. Gott sei Dank. Ich komme rein – überraschend – und spiele Mozart. Mal schauen, was passiert.

Alle waren einverstanden. Und siehe da, denen hat das g'fallen, und es ging herrlich über die Bühne. Der Newman hat es danach sehr schwer gehabt, aber der ist ein Vollprofi und hat natürlich bemerkt, daß ich die Leute dort in eine so euphorische Stimmung versetzt habe. Ich hab' gar nicht lange gespielt, zwanzig Minuten summa summarum, aber die waren »knocked out«. Es kommt nicht oft vor, aber manchmal, daß das Vorprogramm eben stärker ist, das ist beschissen, ich habe da aber kein Mitleid. Er konnte sich ja trösten, das ist den Rolling Stones auch schon passiert. Die waren so leichtsinnig und haben fürs Vorprogramm »Earth, Wind and Fire« engagiert und wurden von denen völlig an die Wand gespielt. Und so etwas passiert halt manchmal, wie eben auch dem Newman. Nachdem das Volk nach Zugaben gebrüllt hat, hat der es sehr, sehr schwer gehabt. Ich bin dann gegangen und habe das nicht weiter verfolgt.

Ich bin damals noch zwei Tage in Wien geblieben und seh' plötzlich Plakate in der Stadt hängen »Bach For the People«. Da habe ich mir gedacht, das ist aber sehr interessant, und hab' sofort den Veranstalter zur Rede gestellt: »Bist du deppert, könnt's ihr mich nicht wenigstens fragen. Hast du einen Vertrag, nein, hast du eine Zusage, nein, wie kommst du dazu, solche Plakate zu drucken, bist du noch zu retten!« »Na ja«, sagt der, »jetzt kann ich nichts mehr machen, der Vorverkauf ist angelaufen.« Da hab' ich mir gedacht, na dir werd' ich's zeigen! So war das, und dann bin ich weggefahren, und nicht zum Schachspielen, sondern ich wollte diese damit verbundene Aufregung für mich erträglich machen, indem ich mich mit Schach abgelenkt habe.

So hat der Skandal ausg'schaut in Wahrheit, und die Zeitungsidioten schreiben dann natürlich, ah, der Gulda spielt lieber Schach als sein Konzert, und dafür läßt er einen ausverkauften Saal hängen! Ich habe zwar einen ausverkauften Saal hängenlassen, aber nicht wegen dem Schachspielen, sondern wegen unmöglichen Benehmens des Managers, und dann bin ich halt Schach spielen gefahren, um mich abzulenken durch mein Hobby, das ist nun mal Schach.

Zwischendurch gab es ein »Freies Konzert«, in dem war eine kleine randalierende Minderheit. Ein paar Rotzbuben, die haben mir das Konzert gestört, um nicht zu sagen, zerstört. Ich hab' mir dann so geholfen, daß ich sowohl dem Veranstalter als auch diesem unangenehmen Teil des Publikums eine Lehre erteilen wollte, und bin einfach zu dem – auch ohne meine Zustimmung angekündigten – Konzert nicht erschienen. Das war so ein kleiner Skandal, aber schon aus der Erfahrung entpuppt sich das, was so enorm aufgebauscht wurde, nur als ein Zwischenfall von vielen. Das war eine pädagogische, erzieherische Maßnahme, wo man auf eine deutliche und vielleicht auch sogar auf eine scherzhafte Weise dem Veranstalter gesagt hat, a) du sollst nicht Konzerte ankündigen, ohne den Künstler zu fragen, und b) daß man dem Publikum gesagt hat, ihr habt euch in den Konzerten anständig zu benehmen. Diesen beiden Fraktionen hat man hiermit eine Lehre erteilt, und ich hoffe, sie ist auf fruchtbaren Boden gefallen.

Auch in Salzburg hat sich da etwas ereignet, worauf ich sofort und spontan reagieren mußte. Ich fand es unerhört, daß sich die Festspiele – sei's mit oder ohne Wissen, zumindest im Gehorsam dem Karajan gegenüber – anmaßen, einem Veranstalter den Dirigenten Harnoncourt schlicht und einfach zu verbieten. Sie können engagieren, wen sie wollen, aber sie können nicht als Festspiele sagen, in Salzburg darf der Herr Harnoncourt nicht dirigieren. Wer das veranstaltet, spielt keine Rolle, wir verbieten das – oder ich, der liebe Gott Karajan. Das fand ich unerhört, und da das so eine unglaubliche Gemeinheit und Frechheit war, habe ich g'sagt: »Euch werde ich hineinlegen, so wie ihr noch nie hineingelegt worden seid.« Und das habe ich dann auch gemacht mit – zugegeben – üblen Methoden und faulen Tricks. Ich habe mich von denen engagieren lassen – dreimal – und habe auf dem Domplatz gleichzeitig ein Konzert mit dem Harnoncourt angesetzt. So konnten sie nicht dem Harnoncourt was verbieten und mich gleichzeitig raushauen, wo sie mich doch gerade erst »auf ihren Wunsch hin« engagiert hatten. Dann haben die Festspiele halt mit Ach und Weh dem Harnoncourt das sozusagen erlaubt. Der Herr Karajan hat es dann für notwendig gehalten, im Fernsehen zu erklären, daß er das erlaubt, und ich seh' das zufällig in München. Zuerst haben es die Festspiele verboten, dann hat es der Herr Karajan erlaubt. Ich habe das also so eingefädelt, ich wollte diesen größenwahnsinnigen machttrunkenen Deppen die Grenzen ihrer Macht sehr deutlich aufzeigen und auch gleich bei dieser Gelegenheit dem Karajan deutlich machen, daß er mir weder etwas zu verbieten noch zu erlauben hat. So mußte ich die weltberühmten Salzburger Festspiele, nachdem ich mit dem verhaßten Harnoncourt aufgetreten bin, mit einem Konzert hängenlassen, sorry.

Der Karajan war ohne Frage ein großer Musiker, aber wenn einer übergeschnappt und größenwahnsinnig ist, dann muß man ihm deutlich die Grenzen seiner Macht aufzeigen. Nachdem sich das niemand getraut hat in diesem Drecksnest, dann habe ich mich halt getraut. Dann sind sie den ganzen Sommer wie die aufgescheuchten Hendln durcheinandergerannt, und das zu beobachten war für mich ein unbezahlbarer Hochgenuß. Besonders am Strand von Ibiza, wo man die schönen nackten Mädchen sieht und in der »Süddeutschen Zeitung« oder im Wiener »Kurier« nachlesen kann, wie die Idioten in Salzburg wieder blöd herumreden. Ein Hochgenuß, einmal die Augen auf die Mädchen, einmal die Augen auf die Zeitungen, das kann man mit Worten nur sehr schwer beschreiben!

Natürlich hab' ich in Ibiza auch verfolgt, was der

Heinrich Schiff, der Cellist, in Salzburg bei den Festspielen machen wird. Mein Cellokonzert, das ich ja für
ihn geschrieben habe, hat er des öfteren unter meiner
Leitung gespielt, und das sollte er nun unter anderem in
Salzburg spielen.

Der Schiff hat mich aber von vornherein gelinkt. Der
ist bei mir aufgetaucht, dann habe ich ihn gleich einmal
rausgeschmissen. Dann ist er noch einmal gekommen,
und so hin und her, er wollte mit mir die Beethovensonaten spielen und hat aber gewußt, das ist ziemlich
hoffnungslos. Wenn er das überhaupt schafft, muß er
irgendwelche Umwege in Kauf nehmen, und ich habe
ihm auch immer gesagt: »Du, mach' dir da keine Hoffnungen, ich bin da vom Fournier so verdorben, für
mich kommt das nicht in Frage, und das kann noch so
großartig sein.« Aber dann hab' ich mich doch erwei-
chen lassen und ein bisserl mit ihm da herumgetan, ein
kurzes Stück A-Dur-Sonate, und es war so, wie ich es
angenommen habe: Es war zwar sehr gut, aber ich
wollte des einfach nimmer, »za was«, und das habe ich
ihm gesagt, es ist hoffnungslos: »I mog net.«

Trotzdem hat er versucht mich umzustimmen, indem
er mich gebeten hat: »Na dann schreib' wenigstens was
für mich!« Und da hat er angenommen oder gehofft,
daß ich irgend etwas zusammenschreibe, was einmal
aufgeführt wird, das niemand hören will, so wie bei den
Herren Zykan oder Eder. Das braucht man nicht üben,
das kennt niemand, wenn man da was falsch spielt, hört
man das nicht. Auswendig lernen braucht man das auch
nicht, man spielt das einmal oder zweimal, zum ersten
und zum letzten Mal, und der einzige Zweck ist, daß in
den Zeitungen steht, der Herr Schiff setzt sich für die
Moderne ein, obwohl er innerlich gar nicht überzeugt
ist davon. Er lügt, er findet das nur förderlich für seine

Karriere, wenn nur wieder irgendein Trottel von Kritiker schreibt, wie sehr sich der Schiff für die Moderne
einsetzt.

Bei mir wollte er das so machen: Da spiel' ich halt
diesen Scheißdreck, diese Gulda-Komposition, und
dafür spielt dann der Gulda mit mir Beethoven-Sonaten. Das war seine Kalkulation, um mich günstig zu
stimmen. Und die Tatsache, daß ich ihm ein riesiges
Erfolgsstück geschrieben habe, hat groteskerweise
seine Pläne durchkreuzt. Das war das Schlimmste, was
ihm hat passieren können, denn dadurch rückte sein ei-
gentliches Ziel in immer weitere Ferne. Er hat sich
auch nie im geringsten für das von ihm bestellte, für ihn
geschriebene und von mir und ihm zum Erfolg geführte
Werk eingesetzt. Deswegen war ich auch schon sauer.
Und bei den Salzburger Festspielen hat sich dieser
Schiff bis oben hin angeschissen und sich angebiedert,
weil das ja vielleicht gewissen Herrn Arschlöchern
nicht passen könnte, wenn da eine Komposition vom
Gulda gespielt wird. Er hat sich disqualifiziert. Ich will
mit diesem Herrn nie mehr etwas zu tun haben. So einfach geht das, kein Rückgrat zu beweisen, man ersetzt
ein Gulda-Stück durch ein harmloses Repertoirestück
vom Haydn, nur um sich bei absoluten Schwachköpfen
lieb Kind zu machen.

Der Schiff ist natürlich ein Mordscellist, und ich bin
ihm trotz all dieser schrecklichen Dinge letztlich doch
zu einem gewissen Dank verpflichtet, weil er dieses
Werk speziell auf Platten zum Erfolg geführt hat – allerdings unter meiner Fuchtel. Ich weiß genausogut wie
er, daß er nie vorher so gut gespielt hat wie unter meiner Fuchtel und daß er auch nie nachher so gut spielen
wird wie unter meiner Fuchtel. Ich kann mir vorstellen,
daß er versucht, dieses Wissen zu verdrängen, aber seit

er mich verraten hat, ist er natürlich für mich eine Unperson. Nicht verraten, aber enttäuscht hat mich der Bernstein. Das war in Buenos Aires, da hat er Mozart mit einem recht tüchtigen, aber nicht außergewöhnlichen Orchester von dort gespielt, und er hat das vom Klavier aus geleitet. Es war nach meinen Begriffen wirklich nicht gut, ist es übrigens bis heute nicht. Er spielt das süßlich und verzärtelt und unmozartisch. Nachher war ein Empfang, man hat mich zwar nicht direkt gefragt, wie es g'fallen hat, aber ich hab' es sehr schwer gefunden, irgend etwas Positives zu äußern. So hab' i glei nix g'sagt, und man hat irgendwelche Floskeln ausgewechselt, und wie es seine Art ist, hat er furchtbar viel gesoffen – Whisky, eine ganze Flasche. So bei der Hälfte war er schon ziemlich alkoholisiert, und ich habe auch getrunken, allerdings nicht so viel, und irgendwie sind wir plötzlich an einem Klavier gesessen und haben vierhändig gespielt.

In meiner Naivität hab' ich gesagt, na gut, das is der Bernstein, und jetzt spielen wir ein paar Jazznummern. Ich gehe davon aus, daß der das kann. Wenn man »West Side Story« komponiert hat und ständig mit dem Duke Ellington und solchen Namen um sich wirft, dann muß der das doch können. Und so schwer ist das ja nun auch wieder nicht. Was spielen wir, »Lady Be Good«, was Einfaches, einen Blues in B-Dur, und ich hab' festgestellt, zu meiner Überraschung, daß der von dieser Musik keine Ahnung hat. Das ist alles von A bis Z erstunken und erlogen. Ich will nicht sagen, daß er für einen Amerikaner nicht ein bißchen ein »feeling« hat für die Melodien oder für die ganze Atmosphäre, aber von der Struktur und von den Gestaltungsprinzipien der Jazzmusik hat der gute Mann keinen Schimmer. Das hat mich teils überrascht, aber noch mehr geärgert als die schlechte Mozart-Interpretation. Ich habe seine Klassikinterpretation in übler Erinnerung, dieses Süßliche, dieses Verzärtelte, dieses Kokette und was da sonst noch alles so furchtbar unmozartisch ist. Und was noch schlimmer ist, daß das von den Idioten für besonders mozartisch gehalten wird und daß er dieses Mißverständnis noch fördert – ekelhaft.

Also wenn man sich hinsetzt und sagt, komm' spielen wir »Lady Be Good«, und der spielt statt zweiunddreißig Takte F-Dur neunzehn Takte in B-schiß-Moll, dann hört sich für mich wirklich der G'spaß auf, da kann i nimmer lachen. Ich hab' dann halt sehr laut gespielt, damit man von dem, was der da verzapft, möglichst wenig hört. Er hat dann weitergesoffen, das war eh g'scheiter. Es ist natürlich nicht so, daß der nichts kann. Neulich habe ich ihn wieder gehört, die 9. Symphonie, das war sehr gut, durchaus ernst zu nehmen. Er ist ein komischer Kerl, aber sicher ein großer Dirigent.

Ein richtiges Vergnügen hingegen war es, mit dem Altmeister Karl Böhm spielen zu können. Einmal war das in Berlin und dann in München, das hat mich beeindruckt. Er war einer der wenigen Dirigenten, wo ich bei der Probe das Gefühl hatte, der ist gleich stark. Ich hab' mit ihm das 4. Beethovenkonzert gespielt, und das beginnt ja mit ein paar Takten Solo, und dann kommt ein langes Tutti. Das hat der so großartig gespielt, daß ich mir während des Tutti gedacht habe, jetzt mußt dich zusammenreißen und an die Grenze deiner Möglichkeiten gehen, um nicht abzufallen gegen den Alten. Der hat immer so harmlos und vertrottelt getan, aber das war nur eine Maske, in Wirklichkeit hat der unheimlich viel drauf gehabt.

Der Szell sowieso. Mit dem war ich ganz glücklich. Der war genau das, wie man ihn mir geschildert hatte:

unfreundlich, kurz angebunden. Der hat die totale Unterwerfung und Unterordnung gefordert und auch bekommen. Von mir hat er sie gerne bekommen, weil er so großartig war. In diesen Momenten konnte ich mir nichts Besseres vorstellen. Es gibt eine Aufzeichnung von einem Konzert in Wien, altmodisch, aber sehr gut. Ganz besonders wichtig der Mann.

Ich habe auch den Tod des großen Dirigenten Karajan als ein wichtiges Ereignis empfunden, aber das große Tamtam, das speziell in Salzburg darum gemacht wurde, empfand ich als eine verabscheuungswürdige Verlogenheit. Beinahe mit Staatstrauer wurden die größten schwachsinnigen Festivitäten abgehalten. In Wirklichkeit war die große Mehrheit der Trauergemeinde heilfroh, daß sie ihn endlich los sind. Das ist also ein typisches Beispiel, wie verlogen die Salzburger sind. Er war ein Tyrann, und er ging ihnen allen schon lange auf den Wecker. Offiziell war Trauer angesagt, inoffiziell haben die meisten sich gefreut. Ich selber übrigens nicht. Ich hab' in München nach seinem Tod in einem Konzert eine Trauermusik gespielt. Das war für mich ein merkwürdiges Zusammentreffen, hab' ich doch einen Plan über eine Art Bühnenwerk, wo eine Herrscherfigur vorgesehen ist, die gewisse Züge – gewisse Züge – des absoluten Herrschers, der der Karajan ja war, trägt. Diese Figur stirbt dann im Verlaufe dieses Stücks, und einige Fragmente aus diesem Stück wurden konzertant in München aufgeführt. Ich hatte die Trauermusik für den Tod des Herrschers bereits fertig, es ist eine freie Bearbeitung vom Trauermarsch aus der Sonate Opus 26 von Beethoven. Wie das aufgeführt wurde, habe ich dann das Publikum aufgefordert, sich von den Sitzen zu erheben, dem traurigen Anlaß entsprechend. Ich hab' das ganz ernsthaft gemeint.

Wie ich vierundzwanzig Jahre alt war, habe ich in Berlin meinen ersten Beethoven-Zyklus gespielt, und am letzten Abend, wo die Sonaten Opus 109, 110, 111 angesetzt waren – ich habe die Sonaten übrigens als erster chronologisch aufgeführt –, an diesem Tag starb Wilhelm Furtwängler. Ich hab' mich bei meiner damaligen Managerin erkundigt, ob diese Meldung auch stimmt, bin dann hinaus und hab' gesagt: »Meine Damen und Herren, ich habe die traurige Ehre, ein sehr tragisches Ereignis mitzuteilen, daß einer der führenden deutschen Musiker, Wilhelm Furtwängler, gestorben ist.« Darauf hat sich das Publikum unaufgefordert wie ein Mann von den Sitzen erhoben – in Berlin.

In München, beim Tod vom Karajan, mußte man sie dazu auffordern. Und sie sind dieser Aufforderung merkwürdigerweise nur zögernd und manche sogar nur unter Protest nachgekommen. Einige blieben aus Trotz sogar sitzen. Ich weiß nicht, ob das mehr gegen den Karajan oder mehr gegen mich gerichtet war. Ich habe es nicht verstanden, aber ich muß dir sagen, es ist mir auch Wurscht.

Natürlich kann man die beiden Situationen nicht so ohne weiteres vergleichen. Damals war ich ein anderer. Ich bin reifer geworden und habe gegen diese Herrscherfigur nicht nur in meinem Stück, sondern auch im Leben Vorbehalte, die sich auch musikalisch ausdrükken. Aber es war eine Duplizität der Ereignisse, und ich habe mir gedacht, na schau dir das an, fünfunddreißig Jahre später stirbt der Nachfolger vom Furtwängler, und ich steh' wieder da und spiel den Trauermarsch.

Was die Nachfolge vom Karajan betrifft, mein Gott, da war der Alte noch am Leben, hat sich der Landesmann schon so langsam hineingeraunzt. Es wird sich nichts ändern, und das, was der Herr Landesmann betreibt oder anstrebt, ist nicht mehr wie Kosmetik. Das ist es eben, was ich grundsätzlich an dieser ganzen Sache auszusetzen habe. Was hier not täte – und nicht nur hier – ist, daß die »offizielle Musikwelt« sich in Richtung Weltmusik öffnet oder, persönlicher ausgedrückt, daß die einfach die Gedankengänge des Herrn Gulda kulturpolitisch nachvollziehen. Dazu war weder der Karajan, noch ist es der Landesmann oder der Abbado oder der Mortier oder sonst irgendeiner von diesen Hansln bereit, weil die das immer noch nicht kapier'n, worum es geht. Und bitte, was soll denn das, wenn der Mortier sagt, es gibt da einige Dutzende von unsterblichen musikdramatischen Meisterwerken, und es ist die Aufgabe der kommenden Generation oder auch der jetzigen – vielleicht auch von ihm selbst –, diese in ihrer jeweils zeitgemäßen Weise zu interpretieren.

Das finde ich alles sehr schön und gut, aber es geht an dem Wesentlichen vorbei, an einer kreativen Sache, an der ein Herr Mortier erklärtermaßen gar kein Interesse hat. Der will nur »Don Giovanni« und »Figaro« und meinetwegen ein paar Italiener oder Wagner oder irgendwas, also anerkannte Meisterwerke. Seine Aufgabenstellung beschränkt sich auf die Reproduktion. Für mich war und ist das immer zuwenig. Und denen muß man sagen, Kinder, ihr seid nicht kreativ, ihr tut etwas Löbliches, aber durchaus nur Sekundäres.

Am Ursprung der Salzburger Festspiele standen drei Narren, der Reinhardt, der Hofmannsthal und der Richard Strauss. Die haben gesagt, wir machen was, und diese Idee war unheimlich lebendig, abenteuerlich, frisch und sicher auch kontrovers, nur ist eben im Laufe der Jahrzehnte eine totale Versteinerung eingetreten.

Auch für dieses kleine Festival, »Szene der Jugend«,

sehe ich zu meinem Bedauern eine ähnliche Entwicklung sich bereits abzeichnen. Die haben auch angefangen und gesagt, so, wir machen einmal was anderes, und wir werden da recht kräftig reinblasen, und heute ist das auch schon, na ja, es ist noch nicht so weit wie dort drüben, aber es tendiert in diese Richtung. Man weiß schon, was das ist, und die Programme werden immer weniger ambitioniert und immer sicherer im schlechten Sinn, und letzten Endes wird es so sein, daß die dasselbe machen wie die Festspiele, nur um zwei Klassen schlechter. Das ist ein ziemlich hartes Urteil, ich weiß, aber ich muß es so sagen, und deswegen werde ich mich von da wieder ein bißchen absetzen. Diese Entwicklung ist unvermeidlich und zudem sehr bedauerlich.

Auch bei meinen eigenen Festivals hat sich diese Entwicklung abgezeichnet – in Ossiach in Kärnten –, aber da hab' ich einen Riegel vorgeschoben und in einem beispiellosen Skandalkonzert das ganze Festival in die Luft gejagt – mit voller Absicht –, um diese Entwicklung zu verhindern. Ich kenne da ja einige miese Tricks und üble Methoden, und wenn ich mir Mühe gäbe, wäre ich wahrscheinlich ein wunderbarer Verbrecher, und niemand würde mich erwischen!

Wahrscheinlich hab' ich schon deswegen keine verbrecherischen Ambitionen, weil ich ein Nicht-Verhältnis zum Geld habe. Ich will nur keine Sorgen haben. Jeder Bankmann oder jeder Mensch, der mit Geld professionell umgeht, würde sich die Haare raufen, wieviel Geld ich schon unnötig verplempert habe. Nicht weil ich mir irgendwelche Sachen kaufe, sondern es interessiert mich zuwenig. Solange ich so viel habe, daß ich sorgenfrei leben kann, ist mir das vollkommen Wurscht.

Der Konservatoriumsschüler

Die Eltern Marie und Friedrich Gulda

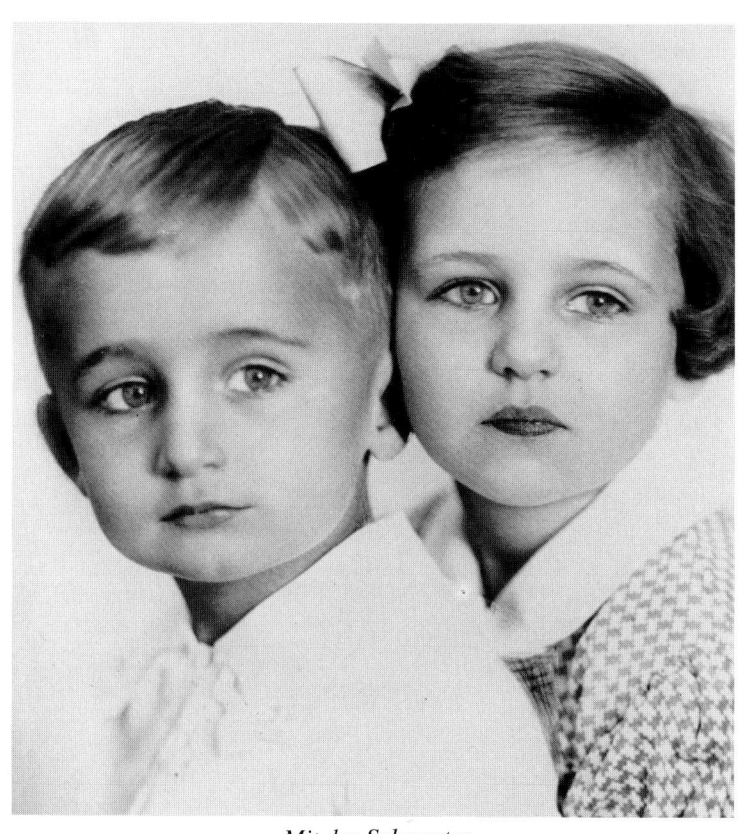

Mit der Schwester

ALS ICH MEIN NEUES KLAVIER BEKAM.

Wie ich mich am 24 Jänner anzog,
um in die Schule zu gehen, stand
noch immer das alte Klavier an
seinem Platz. Das neue Klavier sollte
um 9ʰ kommen. Ob es um diese Zeit
gekommen ist weiß ich nicht denn
ich war ja in der Schule. In die Schu=
le ging ich nicht besonders weil, da
das neue Klavier in meinem Kopf
rumorte. Heute hatten wir an
dem Tag nur bis ±11ʰ Schule. Ich
ging mit meinem Freund „Futschek"
nach Hause und erzählte ihm von

4. (Schul-)Übung

»Als ich mein neues Klavier bekam«

Am Mondsee während des Krieges

Der junge Pianist bei Freunden

Erstes Autogrammfoto

Ich war allerdings nie ein Multimillionär, wo das große Geld im Sinne von Michael Jackson oder vielleicht auch Karajan erst anfängt. Das ganz große Geld fängt bei mir bei hundert Millionen Dollar an oder meinetwegen auch Schilling, aber soviel habe ich nicht. Einen gewissen Wohlstand habe ich mir schon verdient, aber ein Multimillionär bin ich nicht.

Natürlich stimmt das, daß ein wesentlicher Teil dessen, was ich eingenommen habe, mit sogenannter klassischer Musik verdient wurde. Gerade dieser Welterfolg der Beethovensonaten, damit habe ich viel Geld verdient. Aber im zunehmenden Maße auch durch meine Kompositionen. Die Abrechnungen von der AKM belegen das. Natürlich auch Platteneinnahmen, Konzerte, na ja, das bringt weniger – so ca. fünfzigtausend DM pro Auftritt –, aber eben auch Kompositionen. Wobei das Cellokonzert mit großem Abstand den ersten Rang einnimmt. Wenn ich heute nichts mehr tun würde, könnte ich vom Cellokonzert alleine leben, und nicht einmal schlecht. Und wenn du sagst, du lebst ja nur vom Beethoven und Mozart und so weiter, dann stimmt das für den Anfang und jetzt auch noch teilweise, aber eben nur teilweise.

Apropos Geld. Viele bedeutende Sachen verdanken oft ihre Existenz einem Zufall. Ich hatte aus privaten Gründen wenig Geld und habe schnell eines gebraucht. Ich kann dir sagen, scheiden lassen ist noch teurer als heiraten. Ich war also nicht direkt am Sand, aber ich hab' ein bißchen gespürt, es könnte besser sein. »Na guat, i muaß irgendwos tuan«, und so bin ich mit der Amadeo, die das schon lange wollte, auf die Beethovensonaten los. Da sitze ich mit dem damaligen Amadeo-Menschen namens Friedberg im Café Imperial zusammen, und wir reden so und so. Also was kostet das?

Und ich brauchte schnell Geld, und nicht übermorgen, und so habe ich ein für mich sehr ungünstiges Angebot gemacht. Eine Viertelmillion »down« und sonst nichts. Ich wollte keine Beteiligung, aber eine Viertelmillion. Das ist nicht viel, aber 1968 war das was. Jedenfalls der Herr Friedberg wie alle diese Leute, wenn man denen sagt, das kostet drei Schilling fünfzig, ist es ihnen auch noch zu teuer, sie weinen auf alle Fälle. Natürlich die Reaktion: »Na das is' so viel, ach ja und so, das wird schwer sein«, die übliche Tour, unmöglich. Nach längerem Hin und Her haben wir uns geeinigt auf einen Vorschuß von hunderttausend und eine Beteiligung. Das war das schlechteste Geschäft, das der Herr Friedberg je in seinem Leben gemacht hat! Die haben natürlich trotzdem noch genug verdient, aber hätte er das »down« akzeptiert, dann wären da schon einige Millionen mehr rübergekommen.

Ich lese aus den Einspielungen – soweit es sich nicht um Dinge handelt, die wirklich mißglückt sind, was mir auch passiert ist – mit einem gewissen wohlwollenden Interesse meine Entwicklung ab. Ich würd' natürlich heute die Beethoven-Sonaten nicht so spielen wie auf dieser Aufnahme, die da sehr bekannt ist, aber man kann sich das durchaus anhören. Aber manches ist ein bißchen extrem im Tempo, also zu schnell oder an der Grenze. Ein konkretes Beispiel: der erste Satz der Waldsteinsonate. Den würde ich gerne noch einmal machen, wenn ich könnte oder wollte. Das würde sich aber stilistisch so stark unterscheiden, daß ich es lieber lasse. Da überschreite ich einfach eine Linie, das ist verhetzt und zu schnell und aus diesem Grund nicht gut. Die Tendenz zum ein bißchen schnell sein, die ist öfter anzutreffen. Trotzdem muß ich sagen, bewundere ich das selber manchmal. Diese runde und völlig geschlossene Leistung, daß sämtliche Beethovensonaten mit einer unheimlichen Perfektion da rüberkommen, das muß man mit dem Abstand von über zwanzig Jahren sagen, ich verstehe das, daß diese Aufnahme ein Bestseller wurde und immer noch ist.

Und beim Mozart bin ich immer noch furchtbar zurückhaltend. Wirklich zufrieden bin ich nur mit den Aufnahmen mit Orchester, das sind die vier Konzerte mit den Philharmonikern und Abbado und dann die zwei mit dem Harnoncourt und den Amsterdamern. Aber mit Soloaufnahmen von Mozart – es gibt eine, die finde ich wirklich nicht gut –, ich werde es auf meine alten Tage noch einmal probieren. Ernsthaft Mozart solo. Ich habe einmal sogar in einem Studio sämtliche Mozartsonaten aufgenommen, mit großer Mühe und Sorgfalt, und hab' das dann wieder wegg'haut. Zum Entsetzen der Industrie. Die haben natürlich gesagt, um Gottes willen! Aber Geld ist nicht alles, und ich hab' das ohne mit der Wimper zu zucken einfach weggeschmissen.

Klaviertechnisch ist Mozart, wie wir wissen, wirklich nur in Ausnahmefällen schwierig. Er ist eher von mittlerem Schwierigkeitsgrad, sogar leichter. Schwierig wird die Interpretation. Wenn ich meinen eigenen Mozartsoloaufnahmen äußerst kritisch gegenüberstehe und sie nicht gut finde, dann muß ich aber bitte dazusagen, daß ich mit Mozartaufnahmen am Soloklavier auch von anderen nicht zufrieden bin, oder noch weniger. Ich höre oft mit Wohlwollen und mit Interesse in so Sachen rein, und irgendwann kommt der Moment, wo ich sage: »Des is do nix.«

Einmal allerdings habe ich zwar nicht vorbehaltlos, aber eine zumindest interessante Klaviersolointerpretation im Radio gehört. A-Moll-Sonate, KV 310. Ich wußte nicht, wer das war, und wie ich gehört habe, aha 310, wollte ich das schon wieder abdrehen, denn nach meinen bisherigen Erfahrungen kann das nur schlecht sein. Dann habe ich mir aber g'sagt, na gut, eine halbe Minute oder maximal zwei Minuten hör' ich mir das an, außerdem möchte ich gerne raten, wer sich da abmüht. Und ich hör' und hör' und denk' mir, schau, das ist gar nicht so schlecht. Ich fand dann den zweiten Satz weniger gut, da viel zu langsam, aber immerhin eine ernstzunehmende Mozartinterpretation. Zum Schluß denk' ich mir, ich werd' ein Narr, das war mein Sohn Paul.

Wie ich ungefähr so alt war wie der Paul, habe ich in irgendeiner Art Vorahnung eine Notiz gemacht: »Zuerst möchte ich Beethoven spielen lernen, dann Bach und zum Schluß den Meister aller Meister, Mozart!« Das habe ich mir vor zig Jahren in kindlicher Vorahnung vorgenommen.

Der Mozart wird ja immer in unwürdiger Weise gespielt. Ich spreche jetzt von den Pianisten. Auf dem Gebiet der Oper und der Symphonie verhält sich das – speziell durch den Altmeister Karl Böhm – zum Glück ein bißchen anders. Die Pianisten, wenn sie Mozart überhaupt spielen, dann am Anfang des Programms, so daß die Hälfte der Leut' das schon gar nicht hören, weil sie zu spät kommen, und außerdem glauben, das ist leicht, mit dem kann man sich einspielen. Die gewichtigen Sachen des Programms, der ganze Bombast mit Tschaikowsky und Brahms und so weiter kommt dann hinterher. Das ist ein totales Mißverständnis und eine Umkehrung der wahren Verhältnisse. Ich gebe schamrot zu, daß ich mich an diesem Mißverständnis früher auch beteiligt habe. So wie einem das am Konservatorium und leider auch auf der Akademie beigebracht wird. Das ist ein Verbrechen, weil der Mozart wahrscheinlich der größte Musiker war, der je gelebt hat. Es gibt keinen Komponisten, den ich so in den Mittelpunkt meines musikalischen Denkens stelle wie den Mozart, und habe das durch den Ausspruch unterstrichen: »Für mich kommt der gleich nach dem Jesus, da er mit Sicherheit einer der größten Wohltäter der Menschheit ist.«

Was das im Zusammenhang mit dem Mozart-Jahr 1991 für mich bedeutet? Ich werde mich an dieser allgemeinen Leichenfledderei nicht beteiligen. Für mich ist jedes Jahr ein Mozart-Jahr und jede Woche eine Mozart-Woche!

Eine Kernfrage war und ist natürlich immer noch – gerade auch bei Mozart –, auf welchem Instrument spielt man das? Ich bin ja aufgewachsen mit dem Klang, mit dem Klavierklang des Wiener Bösendorfer. Ich war ganz glücklich als Kind, wie mir meine Eltern einen überspielten Bösendorfer ins Zimmer stellten. Ein uraltes Ding, Baujahr 1903, »Friedensqualität« und immer noch die alte Wiener und nicht die englische Mechanik, die sich inzwischen durchgesetzt hat. Auf diesem Klavier habe ich zehn Jahre geübt, mit dem größten Vergnügen, es war ein wunderbares Instrument, mit dem typischen Wiener Bösendorfer Klang. Der das ist, was die Philharmoniker sind, also die philharmonischen Geigen, die philharmonische Klarinette, das philharmonische Blech bis runter zur Pauke, dieser spezifische Klang, und wenn das Klavier ein Orchesterinstrument wäre, dann müßte es eben so eines sein, das paßt zu diesem Stil und in diese Klangvorstellung. Der ist voll, rund, weich und auch etwas süß, der Wiener Klang eben.

Ich habe aber immer bedauert, was die Vertretung in der Welt betrifft, war Bösendorfer immer ganz schwachbrüstig. Es gibt ihn zwar überall, aber er wird nicht annähernd so betreut wie der Steinway. Die Servicestationen von Steinway sind so, wie man das erwartet. Bösendorfer ist schon in München nicht so gut betreut wie in Wien. Die haben zuwenig Techniker, es ist einfach zu klein, das hat natürlich auch einen Vorteil, weil es den Werkstatt- und den Handwerkscharakter bewahrt hat, es ist aber ein Nachteil außerhalb von Wien. Seit dem Tod der Hutterstrassers, die die letzten Inhaber waren, haben die Nachfolger die Firma Bösendorfer an eine große, aber zweitklassige amerikanische Firma verkauft. Diese, namens Kimball, ist von untergeordneter Bedeutung, die bauen aber sehr viele Klaviere und haben dadurch sehr viel Geld. Diese finanzkräftigen Amerikaner haben sich ganz einfach den Namen Bösendorfer als Prestigevehikel zugelegt. Die ließen sich das zwar ein paar Millionen Dollar kosten, aber diesem Ausverkauf oder Abverkauf der Firma Bösendorfer, dem ist man nach meinem Gefühl auf seiten der jetzigen Geschäftsführung allzu gerne entgegengekommen, leider auf Kosten des Produktes.

Das geht mir ans Herz, und ich habe oft genug in Gesprächen mit den jetzigen Besitzern darauf hingewiesen, daß diese Gefahr besteht und auch schon akut ist, aber ohne Erfolg. Ein hartes Urteil, aber ich sage das nicht unverantwortlich. Mir tut das am meisten weh. Den Bösendorfers tut es auch weh, aber mir tut es noch viel mehr weh, daß ich so etwas sagen muß. Und deswegen habe ich mir jetzt für meine privaten Zwecke wieder einen Steinway gekauft.

Als Fußnote noch eine Bemerkung zu den Japanern. Die führende Firma ist Yamaha, und mit einem gewissen Abstand, wie heißen die, Kawai, mit Abstand, das ist drittklassig. Aber Yamaha gibt sich Mühe. Ich persönlich habe noch keinen Yamaha gesehen, der den Qualitätsvergleich mit einem Steinway oder Bösendorfer wirklich ausgehalten hätte. Aber so wie wir die Japaner kennen, werden die nicht eher Ruhe geben, bis sie das erreicht haben.

Für mich stellt sich also immer die Frage: Spielst einen Steinway oder spielst einen Bösendorfer? Für eine Musik besonders wienerischer Prägung, da habe ich zum Beispiel ein Potpourri gespielt aus Walzern, Johann-Strauß-Bearbeitung oder natürlich auch Schubert, da muß man einen Bösendorfer spielen. Wenn ich einen Klang haben will, der ein bißchen internationaler ist, dann nimm' ich einen Steinway. Die Aufnahme sämtlicher Beethovensonaten, das ist ein Steinway. Natürlich ist auch das Musik, die in Wien entstanden ist, aber es ist nicht das, was man als typische Wiener Musik bezeichnet. Es ist robuster und kräftiger und internationaler, daher Steinway.

Und bei Mozart, das ist ein Grenzfall, da habe ich schon alles probiert, und ich weiß selber nicht, was ich machen soll. Jetzt werde ich wieder Steinway probieren, wieder einmal. Man muß da sehr heikel sein.

Selbstverständlich sind die Aufnahmen mit den Wiener Philharmonikern von den Mozart-Konzerten auf einem damals noch wunderbaren Bösendorfer Imperial, und das paßt auch ideal zusammen. Ich bemühe mich schon – auch in diesem Zusammenhang –, dem Willen des Komponisten Rechnung zu tragen. Natürlich kann man Beethoven nicht so spielen wie Liszt, aber so wie der Beethoven wirklich gespielt hat in seiner Zeit, weiß niemand, außer vielleicht die obergescheiten Kritikeridioten. Die haben ja einen direkten Draht zum Beethoven im Himmel, aber wir wissen das nicht, sagt der vernünftige Lehrer auf der Wiener Akademie. Unsere Vorstellungen und unsere Tradition aber, die sich ja vererbt und bewahrt haben und die wir uns auch Mühe geben, dir, lieber Schüler, zu vermitteln, die laufen in diese Richtung. Es ist ein zivilisiertes Umgehen mit der Tradition, die einerseits eine allzu große Ellbogenfreiheit eindämmt und andererseits aber auch nicht in eine Zwangsjacke ausartet. Wenn etwas fanatisch und extrem wird und diesen gewissen Anspruch der alleinseligmachenden Wahrheit hat, wird mir sofort schlecht. Es sind ja nicht nur die Kritikerheinis, auch Freunde von mir, die manchmal in diesen Fehler verfallen, daß sie dogmatisch und unverträglich werden. Das wird dann diktatorisch, das geht sogar ins Politische, dann wird mir unheimlich. Das erinnert mich an gewisse Ereignisse, totalitäre Ansprüche, also diese Geisteshaltung wird ins Politische übertragen. In so einem Staat möchte ich nicht leben, wo wieder einmal einer im Alleinbesitz der alleinseligmachenden Wahrheit ist. Wohin das führt, wissen wir.

2

IT WAS A LONG JOURNEY

Heute glaube ich, daß ich so weit bin, daß ich die Zusammenhänge und Beziehungen zwischen den verschiedensten Musikarten, die es auf der Welt gibt, herstellen kann. Oder um ein Bild zu gebrauchen, daß die Musik vielleicht ein großer Baum ist, der verschiedene Äste hat, die aber alle aus dem gleichen Stamm herauswachsen. In diesem Bild liegt für mich eine Art Konfliktlösung, denn es ist ja ein Konflikt, mit dem sich der ernsthafte Musiker auseinandersetzen muß. Was soll ich machen? Soll ich ein Jazzer oder ein Popmusiker werden, soll ich klassische Musik spielen, Orchestermusiker oder Solist werden, soll ich dieses oder jenes.

Vielleicht ist es mir gelungen, den Leuten die Schwierigkeit und Schmerzhaftigkeit dieser scheinbar nötigen Entscheidung ein bißchen abzunehmen, indem ich gesagt habe, ihr müßt euch gar nicht entscheiden; vielleicht ist es nur nötig anzuerkennen, daß es sehr viele Arten der Musikausübung gibt. Es muß ja bitte auch nicht sein, daß die Klassiker die Jazzer für Untermenschen und die Jazzer die Klassikfans für alte, nicht ernstzunehmende Tanten und Gacker halten. Wie hat der alte Goethe das gesagt: »Und wenn sich die Völker trennen, gegenseitig im Verachten, kein's von allen wird bekennen, daß sie nach demselben trachten.« Ich fühle mich da als Werkzeug einer Entwicklung.

Obwohl natürlich, sobald der Gulda klassische Musik gespielt hat, war immer von einer Rückkehr zur Klassik die Rede. Ich habe das Publikum überschätzt, wie so oft, und geglaubt, die werden das richtig verstehen und werden sagen, aha, sein musikalischer Horizont ist so weit geworden, daß er sich im Raum der gesamten Musik eben völlig frei bewegt. Warum soll er nicht Mozart spielen und morgen halt Jazz oder sonstwas, warum nicht. Er demonstriert uns das ja auch durch sein Leben ständig und täglich. Das waren meine Hoffnungen, daß das auch so aufgefaßt wird. Was war? Die konservative Schickeria ist hergelaufen und hat gesagt: »Ja, ja, jetzt ist er wieder umgekehrt, zur Klassik zurück!«

Mir ist es wirklich gelungen, aus jeder Kategorisierung auszubrechen, aber je nachdem, welche Seite meiner musikalischen Person ich im gegebenen Fall dem Publikum zeige, besteht die unausrottbare Tendenz, diesen Teil für das Ganze zu halten. Und das ist sehr ärgerlich und schmerzhaft. Ich fühle mich von allen mißverstanden, egal ob von den Klassikern oder den Jazzern oder den Freien oder, oder, oder.

Natürlich ist das, was ich mache, nicht nur musikalisch sehr verschieden, sondern auch qualitativ. Aber vielleicht kann man sagen, daß ich in jeder Art von Musik, die ich spiele, die »specific kind of magic« ausstrahlen kann. Das ist etwas, was ganz tief drinnen ist, ein gewisser unzerstörbarer Kern. Egal, was ich spiele, ich spiele immer Gulda.

Man kann sich durchaus beim Spielen gewisse Freiheiten herausnehmen, es muß aber immer schön alles unter Kontrolle bleiben, und man soll sich und anderen nicht vormachen, daß Schlamperei und Freiheit dasselbe ist. Im Gegenteil, je freier man spielt, desto mehr Disziplin, desto mehr Verantwortung muß dahinterstecken. Und die äußerste Konsequenz dieser Haltung ist der theoretische Ansatz, sich musikalisch nichts vorzunehmen, kein musikalisches Gesetz zu respektieren, auf nichts zu hören als auf sein inneres Bedürfnis hier und jetzt und sich auch für morgen nichts vorzunehmen, nicht einmal, ob ich überhaupt spiele, denn auch das ist schon gegen die Theorie. Wenn dieses Risiko bewältigt wird, ist es ungeheuer viel wert, auch wenn ich letztlich zu dem Schluß gekommen bin, so nicht weiterzumachen. Da hat es einmal einen Moment gegeben, vor vielen Jahren, wo ich das Gefühl hatte, daß ich das alles geschafft habe – innerlich –, und da sage ich zu meiner damaligen Frau Yuko: »It was a long journey« – es war eine lange Reise bis zu diesem Punkt. Die hat sicher nicht verstanden, was ich damit meinte, aber war sofort eingeschnappt und bös', da sie sozusagen in meiner geistigen Welt keine Rolle spielte.

Jetzt zum größeren Zusammenhang. Ich habe doch zehn Jahre lang jeden Sommer so Festivals organisiert, deren letztes im 79er Jahr in Salzburg stattfand. Letztes, weil ich die Nase voll hatte und das einfach zu viel Arbeit war und mittlerweile auch andere Leute gelernt haben, wie man so etwas macht. Und ich habe damals zu den Mitverantwortlichen gesagt: »Kinder, ihr dürft unter keinen Umständen den Nachwuchs vernachlässigen, das ist der größte Fehler, den ihr machen könnt. Ohne Nachwuchs gibt es keinen Fortschritt, das endet in Versteinerung, das sieht man bei den Salzburger Festspielen. Gute, junge, unbekannte Musiker müssen her.« Und ich habe mich umgesehen, was so läuft, bei den Leuten, die keinen Namen haben, wenig kosten, aber irgendwie interessant sind. Ich habe mir Bänder angehört, mein Gott, das meiste war nicht sehr gut, aber beim Nachwuchs macht das ja nichts. Es kann ja was dabei sein, und im Falle von Paul und Limpe Fuchs war das was. Das waren sehr eigenartige Leute, nicht nur musikalisch, sondern auch menschlich haben die eine starke persönliche Überzeugungskraft gehabt. Ich habe denen gesagt: »Ich habe von euch eine Platte gehört, die ich irgendwie sehr fremdartig und sehr interessant finde. Ich engagiere euch für diese Nachwuchsnachmittage in Ossiach.«

Die sind dann aufgetaucht, und ich habe die so ein bißchen beschnüffelt und habe sofort gespürt, des is wos. Bei den anderen hatte ich das Gefühl, mein Gott, so zwölf auf ein Dutzend, machst du's, ist's gut, machst du's nicht, ist's auch Wurscht. Bei den Füchsen hatte ich dieses Gefühl von Anfang an nicht. Egal, was die zusammenspinnen oder was sie treiben, das ist etwas. Die haben dann bei diesem Festival gespielt, völlig unfrisierte und narrische Musik. Das war der Wahnsinn, was die da rausgelassen haben auf ihren selbstgebauten Instrumenten, sie am Schlagzeug und der Paul auf seinem Baß und seinen Blasinstrumenten. Ich habe mir gedacht, was die da machen, hat mit Musik überhaupt nichts zu tun, aber es ist etwas, im Gegensatz zu dem meisten, was nichts ist.

Beim letzten Konzert am Abend – ich hab' mir gedacht, schade, daß das aus ist –, da ist plötzlich die Nachricht herumgegangen, daß sich die beiden Füchse außertourlich, freiwillig und ohne engagiert zu sein, und ohne Gage natürlich, auf irgendeiner Wiese aufgebaut haben und dort bereits spielen. Ich schau' mir das an, was die so treiben, die zwei Narren, und da hab ich denen gesagt: »Ich möchte das nicht nur hören, sondern ich möchte auch mitspielen.« »Bittschön«, haben die gesagt, »spiel mit.« Mit denen zusammenzuspielen, war für mich ein großes Erlebnis, weil ich wußte, daß die niemals beim Zusammenspielen so reagieren wie sogenannte Musiker. Das haben die nie gemacht, und das war für mich teils schwierig und befremdend, teils aber ungeheuer lehrreich.

Jetzt vom Innerlichen zum Äußerlichen. Es war ein Skandal nach dem anderen. Das war sagenhaft. Mir hat das überhaupt nichts ausgemacht, leider den Füchsen schon. Die beiden waren nicht gerade entzückt darüber, daß in jedem Konzert getrampelt, geschrien, »Aufhören« gebrüllt wurde und daß sich die Leute wirklich benommen haben wie eine Horde wilder Tiere. Wir haben trotzdem brav weitergespielt, was wir für richtig gehalten haben.

In diese Zeit fällt auch der Satz, daß alle Welt bescheinigt, jetzt ist der Gulda endgültig übergeschnappt. Ich bekomme doch dauernd so Briefe von sogenannten Fans. Das hab' ich schon g'fressen, wann i des hör: »Herr Gulda, Sie sind großartig, ich bin einer Ihrer treuesten Anhänger, und ich habe alle Platten«, trallala und den üblichen Schmus. Wenn es aber darum geht, was ich sonst noch mache, dann sagen sie, jetzt ist er übergeschnappt! Aber was heißt überhaupt »übergeschnappt«, und was heißt schon »normal«? Die Grenze ist doch fließend. Auf alle Fälle war es so, alle Welt sagt, jetzt ist er übergeschnappt, die musikalischen Kriterien gelten nicht mehr, es gilt auch nicht mehr das sogenannte Können, alles, was er gelernt hat, von dem will er nichts mehr wissen, das ist nicht normal.

Das haben natürlich diese Arschlöcher von den Plattenfirmen auch gesagt. Vor langer Zeit, da war ich bei der DECCA, bei diesem englischen Verein. Da war ich ungefähr zwanzig Jahre alt und habe mich für Jazzmusik zu interessieren begonnen. Wie der Produzent das gemerkt hat, sagt der zu mir: »Sie, Herr Gulda, ich mache Sie darauf aufmerksam, wenn Sie mit Jazzmusik an die Öffentlichkeit treten, dann lassen wir Sie fallen wie eine heiße Kartoffel.« Da hab' ich nur geantwortet: »Danke schön, adieu!« Das war das Ende meiner Zusammenarbeit mit DECCA.

Zwanzig Jahre später war ich dann bei der MPS, der Jazzfirma. Da habe ich angefangen, »Freie Musik« zu spielen, da sagt der dortige Produzent: »Sie, lieber Herr Gulda, wir schätzen Sie sehr als Jazzer, aber in dem Moment, wo Sie Freie Musik spielen, lassen wir Sie fallen wie eine heiße Kartoffel.« Daraufhin habe ich gesagt: »Danke schön, alles schon mal gehört, adieu!«

Eine Plattenfirma ist so wie ein Kaufhaus oder wie eine Autofabrik. Sie hat eine gewisse Geschäftspolitik, und die wird bestimmt vom Aufsichtsrat oder vom Big Boss oder sonstwem, und der legt die Linie mit den vermeintlichen oder echten Käuferwünschen fest. Die Künstler werden behandelt wie eine Ware, da wird dann gesagt: »Ja, was der macht, paßt zur Zeit in unser Firmenkonzept, also her mit ihm.« Oder es paßt nicht, »also weg mit ihm«. So gut kann der gar nicht spielen, das interessiert uns nicht.

Es gibt da zum Beispiel die Linie der langweiligsten Schallplattengesellschaft der Welt, das ist die Deutsche Grammophon. Die haben ihre Linie, von der sie nicht abgehen und wo der Gulda nur ganz am Rande und gelegentlich in ihr Geschäftsimage paßt. Aber das gilt für andere auch. ECM in München, ein komischer Verein. Es gibt heute einen Begriff, der heißt ECM-Sound, das ist der Firmensound. So wie Volkswagen. Die müssen wahrscheinlich so sein, um ihre Platten optimal verkaufen zu können, und ein eingeführtes Produkt muß gewisse Charakteristika haben. Der Porsche ist ein Sportwagen und der Rolls-Royce was Feines, ein Firmenimage. Darauf kommt es ihnen an. Die Künstler als kreative Personen sind denen vollkommen Wurscht.

3
»HIER IST DER SCHÖPFER HIMMELS UND DER ERDEN«

Ich komme aus einer Lehrerfamilie. Mein Vater und meine Mutter waren Lehrer und beide Amateurmusiker. Die Mutter hat Klavier gespielt und der Vater Cello. Vielleicht bin ich da ein bißchen vorbelastet und hab' was von dieser pädagogischen Art mitbekommen. Ich versuche das allerdings nach Kräften zu unterdrükken, also nicht als der Herr Professor aufzutreten, wobei ich gar kein Professor bin und gedenke, auch nie einer zu werden. Nur im Café Mozart nennen's mich so und in verschiedenen anderen Etablissements, wie das halt in Österreich so üblich ist. Aber vielleicht hab' ich wirklich eine etwas professorale Ausstrahlung, eben Lehrerfamilie.

Die Musik in unserem Hause hat eine große Rolle gespielt. Der Vater hat ständig irgend etwas gespielt, die Mutter auch, und ich natürlich auch. Als Kind schaut man halt, was da so ist und wie das so geht, und bald schon mußte ich in die Klavierstunde gehen. Meine Schwester hat mit mir gleichzeitig Klavier angefangen und nach einem Jahr wieder damit aufgehört, weil meine Eltern zu dem Schluß gekommen sind, das ist rausgeschmissenes Geld, das Mädel macht ganz einfach keine Fortschritte, und die Klavierlehrerin hat das auch gesagt, ganz offen. Meine Schwester hat vom Vater die manuelle Schwerfälligkeit geerbt.

Mein Vater hat schlecht Klavier und auch nur sehr mittelmäßig Cello gespielt. Meine Mutter war viel begabter, zum Vierhändigspielen – wie ich ganz klein war

– hat's gereicht. Es war sogar lustig, und sie hatte das, was man Talent nennt. Ihr war allerdings die ganze Musik nicht so wichtig. Wenn sie ein paar Walzer gespielt hat und die Leut' sich g'freut haben – oder danach tanzten –, war ihre musikalische Ambition zufriedengestcllt. Mein Vater dagegen hatte hohe musikalische Ambitionen, hat die sogenannten Klassiker gekannt und verehrt, war Mitglied in einem Wiener Männergesangsverein, hat in einem Amateurstreichquartett Cello gespielt, aber es ist ihm alles ungeheuer schwer gefallen. Er hat Cello geübt, jahrelang dieselbe Stelle, und hat jahrelang an der gleichen Stelle den gleichen Fehler gemacht. Erschütternd. Aber das hat an seiner Liebe zur Musik, die er auf mich übertragen hat, nichts geändert.

Bei mir ist das alles zusammengekommen. Ich habe das Talent von der Mutter, daß einem das leichtfällt – alles im kleinen Finger und gute Ohren –, in Kombination mit der Ernsthaftigkeit und der Liebe zu dieser Sache von meinem Vater.

Die Entscheidung, daß ich Musiker werde, ist gefallen, als ich zwölf war. »I wül Musiker wern, i wül Pianist wern. Ich geh' jetzt auf die beste Schule, wül die besten Lehrer hab'n.« Ich wollte das unbedingt machen, es machte mir einfach Spaß. Meine Begabung habe ich allerdings nicht als außergewöhnlich empfunden. Ich war bei einem Klavierprofessor namens Pazofsky, der hat mir die Anfangsgeschichten bis etwa zur Mittelstufe beigebracht. Mit zwölf, wie gesagt, bin ich auf die Akademie. Dort war ich fünf Jahre und hab' beim Seidlhofer Klavier studiert, und beim Hofrat Dr. Prof. Joseph Marx habe ich Musiktheorie und Komposition gemacht. So habe ich ganz regulär das normale Wiener Musikcurriculum durchgemacht. Ich wollte mir eine

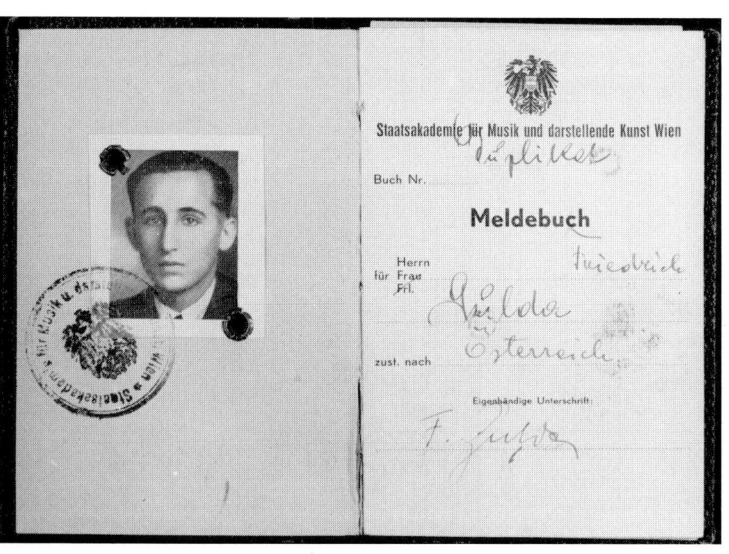

*Meldebuch der Staatsakademie für Musik und
darstellende Kunst Wien*

Empfang zu Ehren der österreichischen Preisträger
des Internationalen Wettbewerbs 1946 in Genf...

… mit Geiger Fietz, Dr. Karl Renner, Laura Bauer-Liebensberg, Friedrich Gulda (v. r.)

»Meinem Gulda mit den besten Wünschen
Bruno Seidlhofer«

Der gefeierte Pianist der Wiener Schule, 1950

In Mürren, Schweiz 1952

Letzte Zugabe, Wiener Musikverein

Mozart, »der Meister aller Meister«

vielseitige Ausbildung verschaffen mit dem Schwerpunkt Klavier. Ich habe mich schon damals für alles interessiert. Daß ich Musiker werde, war klar, und ich habe mich Tag und Nacht mit nichts anderem beschäftigt. Dadurch war ich auch so ein schlechter Schüler am Gymnasium, Mathematik – entsetzlich. Am Abend bin ich in die Oper gegangen oder in ein Konzert, am nächsten Morgen habe ich geübt, dann bin ich in die Klavierstunde. Dann in die Nebenfächer, dann ins Hauptfach Musiktheorie, dann habe ich was komponiert oder irgend etwas für einen Chor einstudiert.

Mein Elternhaus war intakt. So habe ich eine recht glückliche Kindheit gehabt, und ich durfte das machen, was ich am liebsten tu, mit Unterstützung meiner Eltern. Während meiner intensiven Beschäftigung mit allem, was mit Musik zusammenhängt, bin ich auch in die Sängerklassen hinein und hab' rausg'hört, wie die da herumfuhrwerken in der Akademie. Ganz schüchtern bin ich da hinein und habe gefragt, ob ich begleiten darf, und die zu diesem Zweck engagierte Dame, die zum x-ten Male irgendwelche Opernarien rauf und runterspielte, die war heilfroh, wenn wieder der Gulda gekommen ist und sie abgelöst hat.

Natürlich war das gerade in der Zeit, wo einen die Mädchen zu interessieren beginnen, die hübschen Sängerinnen habe ich schon bewundert, und ich hab' halt ein bisserl g'schaut, war verlegen und verliebt, aber nichts Ernstes. Ein Schulkollege war mit einer dieser jungen Sängerinnen befreundet, und ich habe versucht – mehrmals – sie ihm auszuspannen, das ist mir aber nicht gelungen. Obwohl ich sie besonders schön begleitet und ihr verliebte Blicke zugeworfen habe, aber es war nichts zu machen. Man besteht ja aus Schüchternheit und Unsicherheit, wenn man sechzehn oder siebzehn ist. Etwa in diesem Alter habe ich erstmals mit einer Frau geschlafen, es war aber leider kein weltbewegendes Ereignis, die Erinnerung daran ist nur sehr schemenhaft.

Genauer erinnern kann ich mich da an meinen Abgang von der Schule. Da hab' ich dem Professor am Gymnasium in der Mathematikstunde gesagt: »Ich muß aufs Klo« und bin dann nie wiedergekommen. Ansonsten war ich kein schwieriger Schüler. Nur soll es schon einen Sinn haben, was man macht. »Das Gymnasium« – wie das schon klingt. Dann bin ich eben abgehauen. Ich hatte schlicht und einfach keine Lust mehr in der sechsten Klasse und auch keine Zeit mehr. Ich war froh, daß ich durch meine beginnende Reisetätigkeit als Konzertpianist eine Handhabe hatte. Meine Mutter hat mit einem ganz traurigen Tonfall g'sagt: »Du mußt die Matura machen«, und ich natürlich: »Schau, wann soll ich maturieren? Ich habe jetzt drei Wochen eine Italientournee, und dann fahre ich nach Südamerika, wie soll das gehen. Erstens will ich nicht, und zweitens ich kann nicht, selbst wenn ich wollte, ich kann nicht mehr zurück in diese depperte Schule.« Ich hab' das alles nachgeholt. Ich bin belesen und hab' sicher mehr gelernt als in diesem unnötigen Gymnasium.

Unter den Mitschülern hab' ich ein paar Freunde g'habt, mit denen man seine Hetz hatte. Einer davon war der Otto Schenk und dann von den Wiener Philharmonikern einer. Wir waren nicht unbedingt befreundet, so Schulkameraden halt. Für meine Freunde habe ich dann gegen Ende des Krieges ein bißchen Tanzmusik gespielt, so als Show, im Sommer im Schwimmbad. Unterm Hitler war das nicht so ohne, es war verboten, genau wie wir die englischen Sender nur schwarz abhören konnten.

1946 kam ich dann das erste Mal aus Österreich raus, in die Schweiz. Das einzige, was ich im Kopf gehabt habe, war das Fressen. Es gab ja bei uns nichts, fünf Deka Erbsen von den Russen. Kaum sind wir über die Grenze gefahren, hab' ich mich gestürzt auf Schokolade, Bananen, Schweinsbraten, Schnitzel, Salat und was es alles gab.

Dieser internationale Wettbewerb in Genf war für mich gar nicht so wesentlich, ich habe aber trotzdem versucht, die Ansprüche oder die Wünsche, die meine Lehrer in meiner Lehrzeit an mich stellten, nach bestem Gewissen zu erfüllen. Ich habe mir gesagt, ich geh' jetzt raus, und ich spiele so, daß der Seidlhofer zufrieden wäre. Ich habe also überhaupt nicht an die dort anwesende internationale Konkurrenz oder an die internationale Jury oder gar an das Publikum gedacht, dem ich dort – also abgesehen von ein paar Schülerkonzerten – zum erstenmal gegenübergetreten bin. Das stellt mir und vor allem meinem Lehrer ein hohes Zeugnis aus. Der hat an mich, der ich international völlig unerfahren war, sehr hohe Ansprüche gestellt. Das Repertoire war eine Bach-Toccata, die letzte Beethovensonate, ein Stückerl von Debussy ... Zu meiner totalen Überraschung habe ich den ersten Preis gemacht. Ich war überrascht, daß das, was ich dort bot, international ausreicht.

Wie ich zurückgekommen bin, nach Wien, als frischgebackener Preisträger und rein bei der Klassentüre auf der Akademie, als wenn nichts gewesen wäre, da sagt der Seidlhofer: »Ein bißchen öfter schreiben hättest schon können.« Aber kein Lob oder so was. Natürlich hat er sich g'freut, aber er hat sich das nicht anmerken lassen und hat so getan – so »business as usual«.

Ein Jahr später habe ich dann die Reifeprüfung auf

der Akademie gemacht. Das war überhaupt die größte Gaudi. Da war das vollständige Professorenkollegium versammelt, und die haben – wie sie sehr wohl wußten – zum letzten Mal ein Gulda-Konzert gratis gehört. Sie haben mich, ich glaube drei Stunden spielen lassen. Das war meine sogenannte Reifeprüfung.

»Man muß immer so spielen, als ob es um das Leben ginge«, das hat mir mein Lehrer nie so gesagt, aber er hat es mir so suggeriert. Er hat mir einen sehr hohen Begriff vermittelt von der Ernsthaftigkeit und der Wichtigkeit dieser Aufgabe. Das Optimum dieser absolut ernsthaften Einstellung zur Musik ist, daß man sich in erster Linie mit ihr befaßt und daß sie im ganzen Leben die Nummer eins ist und wichtiger wie alles andere, insbesondere wie die Frauen, was die nicht so gerne hören. Ja, du mußt so spielen, als ob es in jedem Augenblick ums Leben ginge. Das ist die höchste Wertvorstellung, die man anlegen kann, und mir ist diese Einstellung bis heute selbstverständlich.

In diesem schrecklichen 45er Sommer, wo es in Wien so gut wie nichts zu essen gab, wo Leute verhungert sind, da hat meine Mutter uns zwei Kinder, also meine Schwester und mich, gepackt, und wir sind zu Fuß aufs Land gegangen, in ein Dorf, wo wir von früher Bekannte hatten und wo sie wußte, dort gibt es wenigstens Erdäpfel oder irgend etwas zu essen, damit wir nicht verhungern. Dieses Dorf war ungefähr 25 Kilometer von Wien entfernt. Es gab dort zwei Bauern, denen es durch den Schwarzhandel, den sie betrieben hatten, relativ gutgegangen ist.

Jeden Sonntag habe ich in der Kirche Orgel gespielt und den lokalen Chor ein bißchen betreut und versucht, denen irgend etwas beizubringen. Ich habe den Organisten gemacht in diesem St. Margarethen am

Moos. Nach der Kirche wurde ich immer von einem der beiden Bauern eingeladen, so konnte ich mich einmal in der Woche satt essen.

Meine Eltern haben ja auch in dieser schlimmen Zeit der Verbrecher – der Nazis – zurückverfolgen müssen, ob es in unserer Familie jüdisches Blut gibt. Es ist da nichts Einschlägiges zutage gekommen. Soweit man das weiß, habe ich kein jüdisches Blut in mir, aber dieses »Manko« habe ich durch meine erste Ehe ausgeglichen. Ich habe also dafür gesorgt, daß meine Söhne auch diesen wichtigen Schuß noch dazubekommen, der mir, bedauerlicherweise, fehlt.

Vom Krieg direkt habe ich dank der Fürsorge meiner Mutter fast nichts gespürt, natürlich am Schluß den ganzen Bombenkrieg und diese Hungergeschichte schon. Zur Mutter habe ich wirklich ein sehr gutes Verhältnis gehabt bis zu ihrem Lebensende. Mein Gott, sie war furchtbar stolz und hat mich natürlich verwöhnt, aber wir haben uns nicht endlos abgeschmust, ich habe sie sehr liebgehabt und meinen Vater später dann auch. Mein Vater war ja in diesen Jahren nicht da, er war verschollen, zum zweiten Male im Krieg. Er wurde eingezogen und durfte für den Herrn Hitler kämpfen, nachdem sie ihn vorher eingesperrt hatten. Für den Krieg war er noch gut genug. Er geriet in russische Gefangenschaft und ist im September 1945, wie so viele, die sich durchgeschlagen haben – irgendwie –, plötzlich aufgetaucht. Wir sind davon ausgegangen, daß er bereits tot ist.

Mein Vater war ein überzeugter, tiefroter Sozialdemokrat, kein Kommunist, aber in den zwanziger und dreißiger Jahren stand er auf der roten Reichshälfte. Manchmal hat mein Vater ein paar Witze gerissen zu diesem Thema, und wir haben alle herzlich gelacht über seine Redensarten, wie wenn der Suppenschöpfer auf den Tisch kam: »Hier ist der Schöpfer Himmels und der Erden.« Wenn ich dann sagte, der Religionsunterricht ist doch stinklangweilig, meinte er nur: »Ja, aber jetzt mußt du halt hingehen«, und meine Mutter, ohnehin immer zu Kompromissen bereit: »Schau, man muß sich ein bißchen anpassen. Ich weiß, daß wir in einer Diktatur leben, die gegen alles ist, was du willst, aber was haben wir davon, wenn wir eingesperrt werden?«

Ja, mein Vater war für mich schon ein Vorbild. Ich rede jetzt von seiner Standfestigkeit, seiner Überzeugungstreue. Er hat zu mir gesagt, schau, das Wichtigste der alten Sozialdemokratie und ihrer Gründerväter, des Otto Bauer und des Victor Adler, war, daß sie die Arbeiter einmal von der Schnapsflasche weggebracht haben. Daß sie überhaupt zu denken angefangen haben, was ja von der Bourgeoisie ständig verhindert wurde. Es muß furchtbar gewesen sein. Ohne Feiertag haben die Arbeiter täglich vierzehn Stunden lang gerackert. Sie haben dieses elende Leben nur dadurch ertragen, daß sie sich jeden Abend mit billigstem Fusel haben vollaufen lassen. Das ist natürlich sehr schlecht für die Entwicklung eines politischen Bewußtseins. Man hat ihnen mit solchen Begriffen – allerdings nicht im Sinne der Bourgeoisie, sondern im Sinne der Revolution, also des Aufstandes gegen diese Ungerechtigkeit, gegen diese Ausbeutung – gesagt: Wir müssen uns organisieren. Dazu ist wichtig, daß wir um vier die Gewerkschaftssitzung, und zwar im nüchternen Zustand, abhalten, und nicht erst um halb sechs und angesoffen.

Diese Begriffe wie Disziplin und ein gewisser Gemeinschaftsgeist und Pflichterfüllung waren für meinen Vater eine Selbstverständlichkeit. Das sind ja auch ganz allgemeine Tugenden, ohne die es nun mal nicht geht, ohne die man überhaupt nichts erreichen kann im Leben. Aber das Wichtigste war seine unerschütterliche Überzeugungstreue, auch wenn einem der Wind ins Gesicht bläst, und das ist die wichtigste Lehre von meinem Vater.

Im 34er Jahr haben sie ihn zwangspensioniert. Da wurden die Roten, die bekannten, gemaßregelt. Und die Rädelsführer wurden in Wöllersdorf gleich einmal aufgehängt. Mein Vater gehörte so zum Mittelbau und wurde zwangspensioniert. Die Überzeugungstreue war dem Hauptschuldirektor wichtiger als seine Karriere, elf Jahre ist er dann zu Hause gesessen. 1946, nach diesem Wahnsinnskrieg, war er natürlich glücklich und stolz, wie der Karl Renner seine berühmte Rede gehalten hat: »Freunde, wir sind wieder da!« Das war einer der größten und glücklichsten Momente im Leben meines Vaters. Und Jahre später, das hat er noch erlebt, daß »die Roten« Regierungspartei wurden oder auf dem Wege dorthin waren. Das war eine große Genugtuung.

Vielleicht war meine Mutter mit diesem politischen Menschen etwas überfordert. Sie kam ja aus kleinbürgerlichen Verhältnissen und ist im Herzen immer eine Kleinbürgerin geblieben. Aber sie hat einen marxistischen Intellektuellen geheiratet, und das ist natürlich nicht ohne Einfluß geblieben. Das hat ihre Grundstruktur nicht zerstört, aber es hat sie modifiziert. Sie hat auch ein bißchen in diese Richtung zu denken gelernt. So war sie zum Beispiel stolz darauf, daß sie in einem der ärmsten Arbeiterbezirke in Wien – Simmering – unter schweren Opfern unterrichtet hat. Möglicherweise hat sie das auch aus Liebe zu meinem Vater gemacht, aber nicht nur. Sie hat sich so geäußert: »Ich kann zwar keine marxistische Diskussion führen, dazu fehlt mir das Wissen, aber eines weiß ich, daß die Arbeiter heute nicht mehr in irgendeinem Dreckloch wohnen müssen, also, daß es den Arbeitern sichtbar bessergeht als vorher. Das finde ich gut, und deshalb wähle ich die Roten – wie mein Mann.«

Im Gegensatz zu meinem Vater war sie sehr lustig. So haben wir auch viel Spaß gehabt, wie sie mich bei meinen ersten Tourneen begleitet hat. Nicht immer. Wenn sie das Gefühl hatte, ich fahre in eine sichere Gegend, wie in die Schweiz, dann bin ich allein gefahren, aber nicht nach Sizilien zum Beispiel, da ist sie mitgefahren. So hat sie auch ein bißchen was erlebt und gesehen. Einmal ist auch mein Vater auf eine Italientournee mitgefahren, und so hat auch er endlich einmal in seinem kargen Leben ein bißchen was von der Welt sehen können.

Was den finanziellen Aspekt betrifft, am Anfang habe ich in der Schweiz ein paar tausend Franken bekommen. Das war zwar damals für mich viel Geld, aber ich kaufte neue Schuhe, einen neuen Anzug, habe viel gegessen und so. Es war sehr schnell wieder weg. Dann die ersten kleinen Tourneen. Das Geld habe ich weitgehend für mich selber verputzt – mit Zustimmung meiner Eltern. Ein Auto habe ich mir auch gekauft, und den Mädchen wollte man auch was bieten.

Am Anfang waren meine Honorare trotz des ersten Preises bei diesem Wettbewerb und trotz meiner schlagartigen Berühmtheit noch sehr bescheiden, weil die Herrn Manager gern Geld sparen und auch vorsichtig sind. Das wirklich erste größere Geld habe ich gemacht bei einer Südamerikatournee 1949 – netto fünfzigtausend Schilling. Das ist sicher nach dem heutigen Geld lächerlich, aber damals war das was, und meine Eltern haben gemeint, daß es an der Zeit sei, daß wir umziehen. Und so sind wir übersiedelt in eine größere, komfortablere Wohnung im ersten Bezirk. Wir haben uns im dritten Bezirk zwar sehr wohl gefühlt, aber wir waren doch sehr beengt, und wenn man sich das leisten kann, warum soll man nicht in eine größere Wohnung ziehen, wo man auch ein Klavier reinstellen kann.

In der Seidlgasse, wo ich aufgewachsen bin, war alles sehr beengt; zweieinhalb Zimmer, Klo auf dem Gang. Ich habe gefragt, was kostet die neue Wohnung, aha fünfunddreißigtausend Schilling, na guat, ich war nicht so wild auf das Geld. Und der erste Bezirk, das war eher Zufall. Dann hab' ich mir auch ein neues Instrument gekauft. In der größeren Wohnung hatte ich dann zwei Flügel stehen.

Ich war so um die zwanzig und eine weltweite Sensation, da tauchte der Fournier bei mir auf. Der hat sich gesagt, für mich ist dieser junge Gulda ein weiterer Brillant in meiner Krone des Königs der Cellisten. Wenn mich der begleitet, das kann nur gut für mich sein. Der Fournier war so zwanzig Jahre älter, und in jeder Hinsicht so etwas wie ein Mentor. Im Zuge dieser zwei oder drei Jahre dauernden Zusammenarbeit haben wir drei Platten gemacht, den ganzen Beethoven, alle Sonaten, alle Variationswerke, und so zwanzig oder dreißig Konzerte haben wir gegeben. Er war der Reifere und Überlegenere, ich hab' ihm viel zu verdanken. Ich habe sehr viel gelernt, musikalisch, an Ernsthaftigkeit, und er hat mich freundlich, aber auch sehr energisch geführt.

In der Zeit war ich ziemlich ungehobelt – viele sagen, ich bin es heute noch –, aber damals war's vielleicht noch ärger. Als junger Mensch ist man so rotzig und frech, und man benimmt sich ganz einfach schlecht. Und ich natürlich auch. Er war in dieser Hinsicht das genaue Gegenteil. Ein absoluter »Sir« von Kopf bis Fuß. Immer korrekt gekleidet, nie ein lautes oder gar unanständiges Wort, nichts. Er legte Wert auf ein gepflegtes Zuhause mit Salon und Küche, spanischem Dienstmädchen und seidenen Pyjamas und so. Spießer kann man nicht direkt sagen. Wenn man einen in jeder Hinsicht perfekten Gentleman als Spießer bezeichnen will, dann war er einer. Er hatte eine stille, zurückhaltende Art, und seine Frau, die Russin war, war das krasse Gegenteil. Sie hieß Lydia und war seine Hauptfrau. Als sie gestorben ist, hat er noch einmal geheiratet, aber die Hauptfrau war eben diese Lydia. Sehr musikalisch, sie hat auch ganz gut Klavier gespielt und war hinreißend. Viel älter als ich, sogar älter wie er.

Der Fournier und auch teilweise die Lydia haben mir Manieren beigebracht, daß man seinen Frack bügeln soll, daß man nicht unrasiert auf die Bühne geht, daß man nicht herumschreit. Für so einen jungen Menschen ist das nicht unwichtig zu erfahren, daß im Leben nicht nur wüste Barbarei herrscht und auch nicht auf der Bühne, also daß man auch manierlich spielt, also Vornehmheit im Spiel. Die Lydia war ja in erster Ehe verheiratet – auch mit einem Weltklassecellisten – mit dem Gregor Piatigorski. Das dürfte ganz anders gewesen sein wie mit dem Fournier, denn der Piatigorski war ein Wildling, ein schwarzer, temperamentgeladener Zigeuner. Das muß eine wilde Sache gewesen sein, diese Ehe, die ist dann ja auch in die Brüche gegangen. Aber die Lydia konnte vom Cello nicht lassen und hat den ganz andersgearteten Fournier geheiratet, aber der Gregor – sie hat von ihrem ersten Mann immer per Gregor gesprochen –, der war dort kein Geheimnis.

Mit Würde hat der Fournier das getragen. Er hat sie sehr gebraucht, sie hat ihn überall begleitet, sie ist ihm beigestanden. Eine wunderbare Frau, sehr gescheit und temperamentvoll, sie hat ihn unmißverständlich und eindeutig und bedingungslos geliebt, und das hat er gebraucht, vielleicht auch wegen seines »Hinkefußes«. Als wir einmal im Wohnzimmer die zweite Beethovensonate proben, mit der langsamen wunderbaren Einleitung – und er gerade gesagt hat, wie er sich das wünscht –, kommt plötzlich die Lydia herein und meint: »Also der Gregor hat das viel besser gespielt als du.« Ich habe nicht gewußt, was ich machen sollte, so hab' ich mich unter dem Klavier verkrochen. Es war peinlich, sie ist dann wieder raus, aber der Fournier hat keine Miene verzogen, er hat sich noch entschuldigt. »Sie müssen das verstehen, die Lydia ist manchmal etwas komisch.« Er hat sich noch für sie entschuldigt, es war einfach unglaublich.

Mein Vater, der Amateurcellist, hat meine Zusammenarbeit mit seinem Vorbild mit großer Bewunderung verfolgt. Nach einem Konzert in Wien waren wir in unserer Wohnung. Da war so eine kleine Party, und das war für meinen Vater, mit dem ich die ersten Schritte im Duo gemacht hatte, eine Sternstunde. Im Zuge dieser Party kam er mit seinem Cello herein, und der Fournier ist erschrocken und hat befürchtet, daß mein Vater vielleicht an ihn das Ansinnen stellen könnte, er soll auf seinem Cello was spielen. Aber mein Vater war kein aufdringlicher Fan. Er wollte nur, daß der Fournier ihm auf sein Cello ein Autogramm gibt. War das nicht rührend? Mein Vater war selig, und er hat das Cello wie eine Reliquie aufbewahrt.

Das letzte Mal hab' ich meinen Vater nach seiner schweren Operation gesehen – Magenkrebs –, und man wußte, daß er mit neunundsechzig sterben wird. Irgendwie hab' ich mich von ihm verabschiedet und bin

auf Tournee. Da war ich in so einem Nest in Deutschland – Koblenz oder so –, wo ich die Nachricht von seinem Tod bekam. Das Konzert habe ich noch gespielt,
dann bin ich heimgeflogen, gerade rechtzeitig zum Be-
gräbnis oder zur Verbrennung. Das ist mir schon sehr
nahegegangen. Meiner Mutter natürlich auch, die ihn
fast dreißig Jahre überlebt hat. Sie wurde über neunzig.

4

DIE REGELLOSIGKEIT ALS PRINZIP

Im Jahr 1950 war ich das erste Mal in New York und hab' in der Carnegie Hall mit großem Erfolg debütiert. Als ausgebildeter klassischer Pianist der Wiener Schule, dessen Weg vorgezeichnet war und der sich international mit einer so atemberaubenden Schnelligkeit durchsetzte, daß die Frage aufkam, teils von neidvollen Kollegen, teils von einfach interessierten Musikfreunden, wie wird das mit dem weitergehen.

Mit zwanzig im Zenit des Erfolges, die ganze Welt steht ihm offen, kann verdienen, soviel er will, kann dreihundertfünfundsechzig Konzerte im Jahr geben, überall wo er will. Der hat doch alles das schon erreicht, worum andere meistens das ganze Leben vergeblich kämpfen!

Das Gefühl des klassischen Pianisten war völlig dominierend, und es hat mir auch Spaß gemacht. Es machte mir Spaß, erfolgreich zu sein mit dieser Musik, die ich liebte und ungeheuer verehrte – das gilt natürlich bis heute und für alle Zeiten –, und alle zu entzücken, zu bezaubern. Und in den Zeitungen phantastische Kritiken! Ich hab' das in vollen Zügen genossen, ich hab' da nichts zu verbergen.

Der Zeitpunkt, wo ich mich damals gefragt habe, was willst du musikalisch eigentlich, fällt mit meiner Reise 1946 zu diesem Wettbewerb in Genf zusammen. Ich wurde dort in einem Haus aufgenommen, wo die Söhne, alle in meinem Alter, eingefleischte Jazzfans waren. Das hatte zur Folge, daß dort Tag und Nacht die 78er Schellackplatten mit Musik von Count Basie,

Duke Ellington, Charlie Parker, Dizzy Gillespie, Dexter Gordon usw. liefen.

Die Wettbewerbsteilnehmer mußten irgendwo untergebracht werden. An Hotel – wer hätte das zahlen sollen – war nicht zu denken, also hatte man an die Mildtätigkeit und Gastfreundschaft der Schweizer appelliert. Und diese wirklich sehr freundliche Familie hat sich gedacht, vier oder sechs Kinder, auch schon Wurscht, und hat halt zwei Kandidaten in ganz sauberen, einfachen Zimmern untergebracht.

Ich fand diese Musik am Anfang wirklich ziemlich widerlich. Ich hab' auch gar nicht richtig hingehört, weil ich mich ja auf diesen Wettbewerb konzentrieren mußte. Ich hab' halt die Zimmertür zugemacht und gehofft, nichts mehr zu hören, damit ich wieder Beethoven üben konnte. Während die in den höchsten Tönen davon geschwärmt und verzückt die Augen verdreht haben, fand ich diese Musik scheußlich und hab' das nicht begriffen. Irgendwann habe ich mir aber gesagt, wenn die so darauf stehen und Tag und Nacht nichts anderes tun, als sich diese Musik anzuhören, muß etwas dran sein. Auf diese Weise machte ich meine ersten Schritte und habe mir gesagt, o. k., wenn dir das schon nicht g'fallt, dann versuch einmal die einschlägigen Vorurteile beiseite zu lassen, und ich hab' sie genau beobachtet, wann reagieren die, wie, warum, und versuchte das nachzuvollziehen. Ich hab' das sozusagen geübt, wie hört man Jazz, und mit der Zeit habe ich begriffen. Natürlich konnte es nicht ausbleiben, daß ich selbst meine eigenen ersten schüchternen Versuche machte und das Gehörte irgendwie am Klavier umsetzte … Es hat sich allerdings fürchterlich angehört, es war grauenhaft, unbeholfen!

Die haben mir dann zwei, drei Schellackplatten aufgedrängt. Im Zuge meiner stärker werdenden Reisetätigkeit bin ich des öfteren auch in die Schweiz gekommen, immer wieder zu dieser Familie. Mittlerweile hab' ich selbst so schüchtern ein paar Jazzplatten gesammelt und mir so mit der Zeit ein gewisses Grundwissen und ein Grundverständnis dieser so andersartigen Musik erworben.

Das war Ende der vierziger Jahre, ich war also knapp unter zwanzig und klassischer Pianist. Und ich hab' auch zunächst gar nichts anderes wollen. Das Haupterlebnis, neben meiner internationalen Konzerttätigkeit, war, daß ich Jazzplatten gekauft habe und in den Jazzclubs herumgelungert bin. Zunächst passiv, aber sehr bald auch schon aktiv durch Mitspielen. So gut ich halt konnte. Und da bin ich draufgekommen, daß ich eigentlich nichts konnte. Ich habe es ungeheuer schwer gehabt. Wenn einer in einen Jazzclub kommt und ist der Herr Müller oder der Herr Maier, dann erwartet jeder von ihm, daß der so spielt wie der Herr Müller oder der Herr Maier, nämlich mittelmäßig.

So haben alle angefangen. Der Fritzl Pauer hat so angefangen, jeder hat g'sagt, wer ist überhaupt der Fritzl Pauer, na ja, laßt ihn halt einmal spielen, und dann haben alle gesagt, da schau her, der spielt ja gar nicht so schlecht. So hat der angefangen, das ist normal. Für mich war es viel schwerer, denn ich bin reingekommen als der weltberühmte Gulda, und die haben geglaubt, ich werde auch der Jazzwelt sofort einen Hax'n ausreißen. Und dann waren alle entsetzt und enttäuscht darüber, daß ich eigentlich so gut wie nichts konnte auf diesem Gebiet. Die haben natürlich gesagt: Was, *das* ist der Gulda! Der hat doch überhaupt keine Ahnung. Ich hatte einen ungeheuer schwierigen Stand, bis die mir überhaupt einmal ernsthaft zugehört haben. Sie haben auch vollkommen recht gehabt, denn wie ich angefangen hab', Jazz zu spielen, war an meinem Spiel nichts, was einer ernsthaften Aufmerksamkeit würdig gewesen wäre. Ich habe nichts können, jazzmäßig gesehen. Klavieristisch habe ich alles können, aber als Jazzmusiker war ich eine Null.

Die Erweiterung des hörmäßigen Rezeptionsvermögens ging parallel mit der wachsenden Fähigkeit, die Jazzmusik auch selber immer besser zu spielen. So bin ich in irgendwelchen Jazzclubs, im Art-Club in Wien und dann später beim Fatty George gelandet, wo die ganzen jungen Jazztypen herumlungerten, die dann berühmt oder sogar weltberühmt wurden. Aber, mein Gott, wir waren dort alle Anfänger, die einen haben mehr können, der Gulda weniger. Geholfen hat mir die Offenheit dieser Leute, auch ihre Freundlichkeit und ihre Kumpelhaftigkeit. »Was willst? Spuiln? Ja kum aufa, spuil mit.« Dann haben sie mich aufs schärfste kritisiert. Aber das hat nicht bedeutet, daß die mir einfach das Spielen verboten hätten. Gut, wenn man gesehen hat, das ist wirklich ein Trottel und völlig unbegabt und obendrein frech, dann hat man ihn rausgeschmissen. Aber das war ich ja alles nicht!

Wenn ich aber in Kopenhagen oder sonstwo runtergestiegen bin in so ein Dreckloch, ein unbekanntes, und brav g'fragt hab', durfte ich mitspielen. Eine Verbindung zwischen der Jazzwelt und meiner damaligen klassischen Welt hat ja auch nicht bestanden. Auch wenn ich denen gesagt hab', »I has Gulda«, haben die gesagt: »Ja, ja, Gulda is auch ein schöner Name, setz dich halt hin und spiel.«

Ich habe keine Ahnung g'habt, was ist überhaupt ein Blues, was sind die diversen Stile, was ist Swing, was ist ein Dixieland usw. und wie begleitet man eine Ballade und was macht man mit dem Bassisten und wie spielen sich die Zwiegespräche mit dem Schlagzeuger ab. Keine Ahnung. Woher hätte ich das auch wissen sollen, auf der Akademie lernt man das ja nicht. Nur durch die Praxis hab' ich das gelernt. Ich bin halt hingegangen, bin jahrelang dort herumgeschubst worden und hab's über mich ergehen lassen. Zäh und beharrlich hab' ich das g'lernt, und zwar so lange, bis ich es konnte. Sich da durchzubeißen und die Leute jahrelang in ihren hochgestecktesten Erwartungen enttäuschen zu müssen, das war unheimlich schwierig.

Die Selbstbestätigung dessen, was ich gelernt habe, die habe ich mir 1956 in New York im Birdland geholt. Da weiß ich noch genau, da bin ich gestanden am Flughafen von Buenos Aires und hab' – wie öfter, muß ich leider sagen – zwei Verpflichtungen gehabt. Die eine war ein Meisterkurs am Mozarteum in Salzburg und das andere ein Engagement im Birdland in New York. Was soll ich machen? Da waren zwei Flugzeuge, und in welches steig ich ein? Einen mußte ich versetzen, und Gott sei Dank bin ich dann in die Maschine nach New York eingestiegen und habe die Salzburger hängenlassen – unter irgendeinem Vorwand mit Krankheit oder irgendwas. Tollkühn bin ich einfach ins Birdland gegangen, obwohl ich mich immer noch als Anfänger fühlte. »Es ist Wurscht, man muß sich einmal trauen.«

Ich hab' dort Jazz gespielt, obwohl ich genau wußte, gestern spielte der Charlie Parker und morgen spielt der Dizzy Gillespie, und gegen solche Giganten bin ich ein Niemand. Das war wirklich eine Mutprobe. Die habe ich bestanden, und darauf bin ich auch ziemlich stolz.

Es war nicht so schlecht, aber es war natürlich nicht im entferntesten das, was ich auf dem anderen Sektor bereits erreicht hatte. Es war sozusagen meine Gesellenprüfung. Und dann habe ich weitere vier bis fünf Jahre, bis Ende der fünfziger Jahre, in den Jazz investiert, bis ich mir selbst sagen konnte und die anderen gesagt haben, ja den Gulda, den kann man auch als Jazzmusiker ernst nehmen. Das war für mich ein ungeheurer Triumph, daß ich eine zweite Karriere mit einem ehrlich erworbenen Erfolg geschafft habe.

Wenn man so ein Doppelleben führt, in dem die klassische Musik noch nichts an Wichtigkeit eingebüßt hat, aber die andere Richtung immer mehr an Wichtigkeit zunimmt, das nimmt ja auch viel Zeit in Anspruch. Wenn du an acht Abenden zweiunddreißig Beethovensonaten spielst und in der gleichen Woche sechsmal Saxophon – das hab' ich ja auch noch gelernt – spielst, jeden Abend im Jazzclub nach dem Beethovenkonzert. Jahrelang.

Wie ich dreiundzwanzig war, hab' ich acht Beethovensonaten draufgehabt, also auswendig, konzertreif im Repertoire, und die restlichen vierundzwanzig hab' ich in drei Monaten gelernt. Das eine zu tun, ohne das andere zu lassen, das geht nur, wenn man sehr begabt ist. Ich bilde mir' gar nichts darauf ein, ich kann auch nichts dafür, aber es ist so. Ich kann mir zum Beispiel nicht vorstellen, wie sich der Herr Kasparow tausend Schachpartien auswendig merken kann. Ist mir völlig unbegreiflich. Und der Kasparow sagt, wie der Gulda sich zweiunddreißig Beethovensonaten merken kann, das ganze Wohltemperierte Klavier, vieles von Schubert, von Chopin und Schumann etc., von dreihundert Jazzstandards gar nicht zu reden, ist mir einfach unverständlich.

Das Motiv, in den Jazzclub zu gehen, war nicht die tiefe Unzufriedenheit mit dem, was sich meiner jetzigen Ansicht nach völlig zu Unrecht »Moderne Musik« nennt. Das war nicht der Anlaß, es hat sich so ergeben. Diese Musik und was mit ihr zusammenhängt hätte sicherlich zu meinem Selbstmord geführt, zumindest zu geistigem Selbstmord, wenn ich nicht auf der anderen Seite die Kompensation, den Trost und die Rettung und die Antwort auf die musikalischen Fragen der Gegenwart im Jazzclub gefunden hätte.

In diesem Zusammenhang kann man sprechen von schweren Depressionen und von Selbstmordtendenzen. Wenn man, wie viele meiner bedauernswerten Kollegen, die Meinung vertritt, die »Moderne Musik« sei das, was man gemeinhin darunter versteht: Strawinsky, Bartok, Schönberg, Stockhausen, Boulez usw. – und viele tun das –, dann ist das für mich geistiger Selbstmord. Und so viele Klassikidioten, ob Zuhörer oder Kritiker, verstehen das nicht. Die leben in diesem schrecklichen Ghetto. Wenn diese Musik allein meine musikalische Nahrung gewesen wäre, dann gute Nacht!

Die Tatsache, daß viele meiner Kollegen gut mit diesem Defizit leben, spricht nicht gerade für sie. Deswegen schätze ich sie auch nicht, ich hasse sie jedoch nicht, das wäre zuviel Anerkennung für diese Banausen. Die scheinen sich dieses Mangels gar nicht bewußt zu sein, die empfinden das nicht so. Die sind ja auch viel zu unsensibel und sagen, die Zeit ist schlecht und daher ist die Musik auch so pessimistisch, und außerdem machen das alle so, und man verdient ein bisserl ein Geld. Ich kann das nicht. Für mich ist die Musik eine Lebensfrage. Das heißt, was ist die Musik von heute, wie kann ich kreativ sein, worin besteht überhaupt der Sinn dessen, daß ich ein Musiker bin. Ich muß doch die Musik von heute entweder machen oder spielen oder mich mit ihr befassen.

Für mich ist die moderne Musik die Musik unserer Zeit in einem positiven und zufriedenstellenden Sinn, wo man als Musiker weiß, warum man sich überhaupt mit Musik beschäftigt, also wozu man lebt, und das habe ich in der Musik unserer Zeit, nämlich im Jazzclub, gefunden.

Ich hab' deshalb die anderen, die das nicht so sehen, als »Arschlöcher« bezeichnet.

Ich nenne die Dinge gern beim Namen. Natürlich kann ich auch sagen, das sind »Armutschkerln«. Das eine ist ein Ausdruck des Zornes und der berechtigten Wut, wenn man die so anschaut. Aber eigentlich – und das ist das andere – überwiegt jetzt das Mitleid. Diese Leute tun mir schlicht und einfach leid, weil sie von Musik überhaupt nichts wissen. Sie wissen was aus Büchern und als Echo von vor zweihundert Jahren, wissen, daß es im 18. Jahrhundert großartige Musiker namens Haydn oder Mozart gegeben hat, aber von heutiger Musik wissen sie deswegen, weil sie von Jazzmusik und allem, was damit zusammenhängt, nie was gehört haben, im Grunde überhaupt nichts. Und deswegen tun sie mir sehr leid.

Vor rund dreißig Jahren habe ich dann den blödsinnigen Frack weggeworfen. Ich bin doch kein Trottel und laufe rum wie im 19. Jahrhundert – wie ein Pinguin. Und wer zieht sich denn auch heute noch so an, außer der Waldheim am Opernball. Zu was brauche ich das, außerdem ist es unbequem und völlig unmöglich, mit'n Frack und Mascherl da rauszukommen, und dann will man von jungen Leuten ernst genommen werden! So habe ich versucht, eine zweckdienliche, elegante und nicht so langweilige Kleidung anzuziehen. Für das klassische Publikum war das ein Ereignis, für die anderen war und ist das doch nichts. Die wissen nämlich gar nicht, was ein Frack ist. Hat jemand den Dizzy Gillespie im Frack geseh'n? Ich nicht.

Oft bin ich gefragt worden: »Warum hast du den Kredit, den du als klassischer Pianist hattest, so leichtfertig verspielt?« Nicht ich habe ihn verspielt, das Publikum hat den seinen bei mir verspielt – durch seinen unverantwortlichen und übertriebenen Konservatismus. Das normale Konzertpublikum will den befrackten Künstler, der immer die fünf gleichen Sonaten herunterspielt, und denen kann man nichts Neuartiges vorführen, weil sie es gar nicht hören wollen. So blieb mir dann, nachdem ich jahrelang in diese Richtung gebohrt hatte, nichts anderes übrig, als die eines Tages rauszuschmeißen. Die sind ja unansprechbar. Da wende ich mich lieber – und mit großem Erfolg – an ein jugendliches Publikum. Die sind neuartigen musikalischen Bestrebungen viel aufgeschlossener. Ich glaub' gar nicht, daß das so besonders originell ist, was ich da mach'. Aber die Schwierigkeiten sind halt immer bei dem, der irgend etwas Neuartiges oder Besonderes macht. Und der hat halt Schwierigkeiten mit denen, die das nicht haben wollen.

Die einen aus den Konzerten raus- und die anderen reinzubekommen, war nicht ganz einfach, denn es geht ja – auch für die Veranstalter – ums Geld. Und wenn man Leute raushaut, haut man auch Eintrittsgeld raus. Ich bin zu »Stimmen der Welt« in Wien gegangen und sage zu dem Veranstalter und seinen Typen: »Paßt's auf, für die Arschlöcher spiele ich nicht mehr, ich komme zu euch. Ihr habt durch eure ständigen Pop- und Rockkonzerte ein Stammpublikum. Dieses Publikum möchte ich mit klassischer Musik, in diesem Fall mit Mozart, ansprechen. Die anderen interessieren mich nicht. Wie ihr das macht, ist mir Wurscht, nur, wenn ich ein G'frieß dort sehe, spiele ich nicht.« Und die haben mir tatsächlich einen Altersdurchschnitt von zweiundzwanzig Jahren reing'setzt.

Der Löbl vom Fernsehen hat übrigens kurz vor dem Konzert den Veranstalter angerufen und gesagt: »Ich hab' g'hört, der Gulda, der Narr, schmeißt das Publikum raus, das klassische. Wer geht denn jetzt rein?« Hat der Lieben gesagt: »Sie werden lachen, es ist ausverkauft!« Gekommen sind sie mit Bluejeans und Parkas, mir hat das unheimlich getaugt. Diesen Jungen, die wahrscheinlich noch nie in ihrem Leben was von Mozart gehört haben, hat das enorm gefallen. Ich hab' daran keinen Augenblick gezweifelt, aber man muß es ihnen erst einmal zeigen. Die jungen Leut' hören Österreich 3, und dort spielen sie Rockmusik, und morgen spielen sie zur Abwechslung Rockmusik, und übermorgen spielen sie dann Rockmusik! Außer Rockmusik spielen sie fast nichts. Ich habe nichts gegen Rockmusik, aber ich habe etwas gegen die Einengung des musikalischen Horizonts.

Im Laufe der Jahre hab' ich dann das erarbeitete Wissen und Können auf dem Gebiet der Jazzmusik mit Erfolg erweitert, so daß ich das, was die Puristen in ihrer ghettomäßigen Einstellung als Jazzmusik gelten lassen und nichts anderes, daß ich auch deren Grenzen überschritten habe. Das heißt, daß ich also Dinge geschrieben und auch gespielt habe, die ohne die Basis und das Können der Jazzmusik nicht denkbar gewesen wären, die aber in einem puristischen Sinn nicht mehr als Jazzmusik zu bezeichnen sind. Das ist für mich der wichtige Fortschritt, den ich in den sechziger Jahren gemacht habe.

Viele meiner »Jazzfreunde« haben das anders gesehen. Der einzige Unterschied zwischen den Jazzpuristen und den Klassikpuristen besteht darin, die einen haben die Scheuklappen links, und die anderen haben sie rechts. So habe ich im Laufe meines Lebens viele Grenzen überschritten. Und die zweite Grenzüberschreitung hat eben stattgefunden, etwa in den sechziger Jahren, wo ich Dinge geschrieben und auch gespielt habe, die nur von vollblütigen erstklassigen Jazzmusikern gespielt werden können, aber trotzdem oder mehr Jazzmusik im puristischen Sinn sind: Piano Concerto Nr. 1 und 2 zum Beispiel.

Die Jazzpuristen waren über meine Überschreitung der ihrer Ansicht nach unüberschreitbaren Grenzen genauso empört wie zwanzig Jahre früher die Klassiker. Die haben damals auch gesagt: »Jetzt verdirbt er sich den Anschlag«, »Jessas, jetzt macht der Jazzmusik«. Und wie ich das mit der Jazzmusik gemacht habe, haben die aus anderen Gründen, aber genauso schwachsinnig Feuer geschrien und gesagt, daß man nicht klassische Formen in die Jazzmusik einführen darf. Der Blues und die zweiunddreißigtaktige Liedform genügen, und für den Armstrong hat's auch genügt, und für den Gillespie genügt's auch, uns genügt's auch, und was soll das mit dieser Sonatenform, die versteht doch keiner! All diesen ganzen Scheißdreck habe ich zum zweiten Mal gehört in meinem Leben, und seither habe ich ihn noch oft gehört. Wenn sie dir das zum zehnten Mal sagen, dann denkst du dir, leck mich am Arsch, ich hör' gar nicht mehr hin, schad' um die Zeit!

Wie mich die Jazzmusik erwischt hat, hatte ich den Standpunkt meiner Lehrer verinnerlicht und hab' mit schlechtem Gewissen diese Grenze übersprungen, und zwanzig Jahre später war dasselbe mit der Jazzmusik, wo ich all diesen Leuten, denen ich unendlich viel verdanke, doch dann auch kritisch gegenübertreten mußte: »Bei aller Dankbarkeit und bei aller Ehrerbietung und bei aller Liebe zu dem, was ihr macht's, ich werde euretwegen ebensowenig stehenbleiben wie zwanzig Jahre früher!« Wo ich mich anschickte, wirklich ich selber zu werden, hatte ich ein schlechtes Gewissen gegenüber den Lehrern, die ich respektiert habe. Dem Publikum gegenüber, muß ich sagen, weniger. Denn der Erfolg hat mir recht gegeben. Sicher, ich habe mich, wie ich das mit mir abgemacht habe – das sind so einsame Entscheidungen –, auch gefragt, was will ich überhaupt. Jetzt bin ich dreißig oder fünfunddreißig, auf der Höhe meiner Schaffenskraft, meines Könnens.

Meinen musikalischen Horizont hab' ich dann nochmals erweitert. Die Blasinstrumente spielen bekanntlich in der Jazzmusik eine gewaltige Rolle. Nachdem ich komponiert habe und ich öfter zu hören bekam von den Bläsern, für die ich komponiert habe, du das ist unsaxophonistisch, du das ist nicht trompeterisch, das kann man nicht blasen, habe ich immer gesagt: Wieso? Was wollen die? Schreib' ich nicht gut für die Instrumente? Dann habe ich einen radikalen Schritt getan: Wenn die mich ständig kritisieren, was ich schreibe, daß man auf Schritt und Tritt merkt, das ist kein Bläser, sondern ein Pianist, dann werde ich mir die Mühe machen und kaufe mir ein Saxophon. Ab morgen lerne ich ein Blasinstrument, und zwar ein Jazzblasinstrument, ein Baritonsaxophon, hab' ein Jahr geübt wie ein Trottel, habe überall mitgespielt und hab' es auch auf diesem Instrument zu einer gewissen Fertigkeit gebracht. So hab' ich erfahren, was es bedeutet, so ein Ding im Mund zu haben und reinzublasen. Nachdem dieses Instrument seine Schuldigkeit für mich getan hat, habe ich es wieder verkauft. Übrigens gibt's sogar eine

Platte, auf der ich – ganz gut – Saxophon spiele, eine alte Aufnahme, die man gar nicht mehr findet.

Was aus dieser Jazzperiode so an jazzoiden Kompositionen auf Platten stammt und entstand, damit kann ich schon zufrieden sein. Ich hab' ja mit allen guten Leuten in der Jazzszene gespielt und musiziert und kenne vielleicht nicht alle, aber die meisten, und vor allem die, die zählen, persönlich. Und die kennen mich. Ich bin dort genauso bekannt und akzeptiert. Die sagen, gut, der Gulda ist kein Spitzenjazzmann, weil er kein Spezialist ist, so wie wir, aber er ist durchaus ernst zu nehmen.

An der Spitze der Jazzpianisten ist die Luft sehr, sehr dünn. Da ist der Corea, der Hancock, der Jarrett, der Mac Coy Tyner und der Zawinul. Ich bin da ja eher ein Sonderfall, ich misch' dort mit, aber nicht nur als Jazzer, schon auch, aber einfach in meiner Eigenschaft als ein wichtiger moderner Musiker. Es ist natürlich sehr gut, daß ich mit diesen Weltklasseleuten einen engen Kontakt habe. Der erste dieser Kontakte war der Corea, der dann zur Wiederbelebung meines Verhältnisses zu meinem Freund Zawinul beigetragen hat, was dann wiederum in weiterer Folge zu dem Meeting mit dem Hancock g'führt hat. Den Peterson kenn' ich sowieso gut, aber wir sind ein bißchen auf Distanz, weil der in einer völlig abgeschlossenen Welt lebt. Der spielt sein Zeug und aus. Wir schätzen einander, aber damit hat sich's auch.

Einer von diesen absoluten Spitzenleuten, der mich interessiert, mit dem ich aber noch nicht zusammengetroffen bin, ist der Keith Jarrett. Ich finde, das ist nicht unabdingbar, es würde mich schon interessieren, vermutlich auch umgekehrt. Der ist möglicherweise der interessanteste von diesen Weltklasseleuten.

Ich habe denen natürlich voraus – eben durch die klassische Bildung, von der ich herkomme –, Dinge zu schreiben und zu spielen, vor allem zu schreiben, die die Jazzer mangels ihres beschränkten Horizonts nie imstande gewesen wären, mir nachzumachen. Es fehlt ihnen der Überblick und Weitblick, der weite Horizont, der also die klassische musikalische europäische Erbschaft miteinbezieht. Für einen Jazzer – das ist bis heute unverändert – beginnt die Musik erst mit Louis Armstrong. Vorher ist nichts. Er hat keine Ahnung von Mozart oder Bach oder Verdi oder der Oper oder der Symphonie. Das wissen die alles nicht, die wollen es auch gar nicht wissen. Ich hab' ja nichts dagegen, ich bin aber sehr froh, daß ich das weiß und daß ich das in mein ganzes musikalisches Weltbild miteinbeziehen kann.

Ein anderes Nebeninstrument war das Clavichord, das für mich zum Hauptinstrument meiner Nebeninstrumente wurde. In den siebziger Jahren habe ich die beiden Füchse, Paul und Limpe Fuchs, kennengelernt. Der Paul Fuchs hatte sich selbst ein Saiteninstrument gebaut, was ein bißchen Ähnlichkeit hat mit einem Baß. Es ist aber kein Baß, und wie ich so gehört habe, was der auf diesem Instrument spielt, da hab' ich ihn in mancher Hinsicht beneidet, vor allem darum, daß er mit den Fingern oder mit den Händen einen ganz engen Kontakt mit den Saiten hat. Also ähnlich wie ein Gitarrist, der immer zupft und immer dranhängt. Da hab' ich mir gedacht, was ist das Klavier doch für ein blödes Instrument, wo zwischen der Taste und der Saite ein sehr komplizierter Mechanismus ist, der sich zwischen den Menschen und das Material, das den Klang erzeugt, schiebt. Das hat mich darauf gebracht, mir intensiv auch einmal anzuschauen, wie das mit der Gitarre und wie das eben mit diesem Fuchs-Baß funktioniert. Da hab' ich mir gedacht, Herrgott, ich möchte das irgendwie auch erleben oder dem nahekommen. Zufällig irgendwo in Bayern kamen wir zu einem Haus, und da steht ein uralter und kaputter Scherb'n von einem Clavichord. Ich hab' in meinem Leben noch nie ein Clavichord gesehen und bin hin und habe das angeschaut und gesagt: Was ist denn das für ein komisches Instrument, das ist ja furchtbar. Kein Klang, abgesehen davon, daß es total verstimmt war. Ja, hat der Besitzer gesagt, das ist nicht so einfach, das ist ein untergegangenes Instrument. Und außerdem liegen die Saiten vor Ihnen, also Sie können zwar auf den Tasten spielen, aber Sie können auch mit der Hand an die Saiten ran und da alles mögliche machen.

So haben wir halt geredet, und plötzlich hat mich das zu faszinieren angefangen. Energisch wie ich bin, hab' ich mir sofort ein Clavichord gekauft, ein neues, und hab' halt angefangen daran herumzufummeln. Ich hab' mir gesagt, paß auf, ich spiel' das bis spätestens übermorgen perfekt. Das ist so eine Art Klavier, was soll denn da schon los sein. Da hab' ich mich aber schwer getäuscht. Ich bin am Anfang von einer Enttäuschung in die andere gefallen und bin – wie bei der Jazzmusik – draufgekommen, daß ich davon überhaupt keine Ahnung hab' und das von Grund auf neu lernen muß. In meiner Beharrlichkeit und meiner bulldoggenhaften Entschlossenheit, die mir einmal ein amerikanischer Kritiker bescheinigt hat, hab' ich mir gesagt: Jetzt ist es mir auch egal, wieviel ich da üben muß, wie lange das dauert. Ich werde jetzt Clavichord spielen lernen, und zwar ordentlich! Da sind zwei Sachen zusammengekommen. Erstens mein Interesse an Bach, den man meines Erachtens auf dem Clavichord besser spielen kann als auf irgendeinem anderen Instrument, und zweitens das Interesse an der Freien Musik, wobei ich viele Dinge und Spielweisen teils neu entdeckt, teils wiederentdeckt habe. Also speziell, was man mit den Fingern auf den Saiten alles anstellen kann.

Ich habe es, indem ich den an sich ganz leisen Ton dieses Instrumentes, was es zum Konzertinstrument ungeeignet macht, elektrisch verstärkt – ohne ihn zu verfälschen –, so weit gebracht, daß das für viele Leute anzuhören und interessant war. In meiner Ungeduld bin ich zwar mit dem Clavichord sehr bald auf die Bühne gestiegen. Da ich das Hauptinstrument immer in der Nähe hatte, das Klavier, hab' ich das Clavichord so langsam nach und nach reingeschwindelt. Ich hab' eben das wenige gespielt, das ich schon konnte, und immer mehr und mehr. Ich hab' das ja nicht reinge-schwindelt, weil ich ein Anfänger oder ein Schüler oder irgendein Depp war, sondern weil ich genügend Erfah-rung hatte, um ganz ehrlich zu sagen, du kannst das In-strument nicht perfekt spielen, folglich darfst du nur das spielen, was du schon kannst. Bis es dann soweit war, daß ich gesagt habe, o. k., jetzt gebe ich ein Solo-konzert, hat es fünf Jahre gedauert. Natürlich hab' ich auch Platten gemacht.

Am Clavichord muß ich mir mehr Mühe geben, ich beherrsche das Ding eben nicht so restlos wie das Kla-vier. Aber ich fühle mich sicher genug, um besser als jeder andere darauf zu spielen. Das Ideal von einem Musiker ist ja der Sänger, denn der macht Musik mit seinem eigenen Körper, also der Spieler und sein In-strument sind eins. Der Ursprung der Musik ist aus die-sem Grund das Singen. Je näher, also geringer der Ab-stand zwischen dem Handwerker und seinem Werk-zeug, desto besser.

Von dort ausgehend hab' ich mir gedacht, jetzt spielen wir »Freie Musik«. Ich habe gesagt, das sind doch Dinge, die brachliegen bei mir. Nachdem ich auch schon sehr gut Blockflöte gespielt, das aber vernachlässigt hatte, hab' ich mir im Zuge des Aufbruchs in die »Freie Musik« gesagt, eine mehr klangliche Abwechslung als gerade immer nur Klavier spielen würde doch der ganzen Sache dienen. So hab' ich mich auf meine Nebeninstrumente besonnen, hab das Clavichord sozusagen neu erfunden, hab' wieder Blockflöte geübt – auch wieder wie ein Narr –, bis ich es auch auf diesem Instrument zur Meisterschaft gebracht habe. Nebenbei habe ich angefangen zu singen. Ich weiß nicht, ob ich da fehlgehe, wenn ich sage, daß ich damit am Ursprung der heute kommerzialisierten Dialektwelle stand.

Der Begriff von gut und schlecht, also von guter oder schlechter musikalischer Aussage, ist ja in der »Freien Musik« fast bis zur Ungültigkeit relativiert. Es gilt die Regellosigkeit als Prinzip. Es gibt nur eine einzige Regel, nämlich keinerlei Regeln anzuerkennen. Gerade deswegen hat mich das aufgrund meiner Jazzerfahrung fasziniert, weil die Improvisation in der Jazzmusik und übrigens auch in der klassischen Musik (in ihren besseren Zeiten im 17. und 18. Jahrhundert) immer eine Improvisation war, die gewisse vorgegebene Rahmen mehr oder weniger gut auszufüllen hatte, aufgrund derer man auch ihre Qualitäten kritisieren konnte. Bei der totalen Improvisation, der »Freien Musik«, wo man über kein Thema redet, sondern irgendwas daherredet, was einem gerad' einfällt, fällt eben die Kritisierbarkeit weg, und das hat die Leute, insbesondere die Kritiker, so in Weißglut gebracht. Sie fühlten sich verarscht, entlassen, nicht zuständig.

Was ist denn im strengen Sinn »Freie Musik«? Sie ist dieses und jenes, vor allem ist sie aber etwas nicht Komponiertes. Also etwas, was man in Noten weder festhalten kann noch soll. »Freie Musik« kann man nicht komponieren. Das ist eine Contradictio in adjecto, und wenn man das komponiert, dann ist das keine »Freie Musik« mehr! Aus diesem Grund hab' ich mir damals gesagt, daß ich in alle Werke, die ich bis dahin komponiert hatte und die auch auf Schallplatten festgehalten sind, die aber noch nicht »Freie Musik« im strengen Sinn sind, Ordnung bringen muß. Das war eine sehr langwierige, aber auch sehr langweilige und manchmal ärgerliche Tätigkeit, denn sie bestand hauptsächlich in Notenblättersammeln und Korrigieren, sich mit dem Verlag herumstreiten, schauen, daß das ordentlich katalogisiert wird, daß keine Fehler drinnen sind usw., so daß diese Kompositionen teils gedruckt, teils als Leihmaterial vollständig vorliegen. Es gibt daher keine Schwierigkeiten für Leute, die das kennenlernen wollen, sie können sich einfach die Noten kaufen und reinschauen, was sie, zu meiner Befriedigung und wie ich aus den Aufstellungen und Listen des Verlages ersehe, auch tun. Insbesondere die Sachen, die ich natürlich in erster Linie fürs Klavier geschrieben habe, stoßen auf großes Interesse. Und ich treffe dauernd irgendwelche Klavierlehrer oder auch Klavierschüler, die sagen, ja ich spiele das Stück Soundso, und es ist schwer und so. Aus all dem ersehe ich, daß das auch bekannt wird, sei es durch die Platten, aber auch dadurch, daß die Leut' von Noten spielen oder zu spielen versuchen.

Vielleicht ist die Übermittlung von »Freier Musik« auf dem Medium Schallplatte oder Tonband nur als Anregung für andere Leute zulässig. Ich will damit sagen, wenn einer das hört, wird er auf den ganz natürlichen Gedanken kommen, das kann ich eigentlich auch. Und darauf würden wir sagen, ja dann mach das doch endlich. Es ist gar nicht schwer, man muß es nur tun. So eine Auffassung hat natürlich weitreichende Konsequenzen. Der erste Gedanke, wenn heute einer ein Bedürfnis hat, dann sagt der einfach: Ich kaufe mir das. Ähnlich ist's ja auch bei der Musik. Wer das Bedürfnis hat, Musik zu hören, der geht in ein Geschäft und kauft sich eine Platte. Auf die Idee, daß er sich seine Bedürfnisse mit seiner eigenen Arbeit, mit seiner eigenen Hand, aus sich selbst heraus befriedigen kann, auf die Idee kommt ja keiner, oder die wenigsten.

Es ist also wünschenswert, wenn einer sagt, ich will jetzt eine Musik haben, daß er nicht den banalen Gedanken umsetzt und sich eine Platte auflegt, sondern, daß er auf die vernünftige Idee kommt: »Was, ich will eine Musik haben, also, dann mach' ich sie mir eben.« Und das ist wahrscheinlich eine der wichtigsten Messages der »Freien Musik«. Die besten Dinge im Leben sind einfach nicht käuflich. Diese Botschaft läuft also aufs »Selbermachen« hinaus und steht in einem unversöhnlichen Gegensatz zu der heutigen total konsumorientierten und kommerzialisierten Welt.

Daß viele, sehr viele mit unserer »Freien Musik« ihre Probleme hatten, ist klar. Aber ich hab' das aus Überzeugungstreue eben getan und ohne Rücksicht auf Verluste. Es gab sehr viele leere Häuser, es gab große finanzielle Einbußen. Meine klassische Tätigkeit hatte ich – was ich bis dorthin nicht getan habe – drastisch eingeschränkt. Nicht unbedingt wegen der »Freien Musik«, sondern auch, weil langsam auch die Zeit kam, wo einem das ständige Herumreisen auf den Wecker geht. Wenn man schon dreizehnmal in Südamerika war, weiß man nicht, warum man zum vierzehnten Mal hinfahren soll. Und nur des Geldes wegen, das hab' ich auch bald nicht mehr notwendig gehabt.

Ich muß aber für die Einwände gegen meine Tätigkeit in den siebziger Jahren, die meine Kritiker vorgebracht haben, gerade im Lichte der achtziger Jahre ein gewisses Verständnis äußern. Trotzdem möchte ich nicht eine Minute dieser Zeit missen. Ich habe ungeheure Erfahrungen gesammelt, die diesen anderen Leuten fehlen. Alles arme Leut'! Sicher, man muß da ein bißchen milder sein. Das hat vielleicht auch damit zu tun, daß auch ich älter werde und etwas ausgewogener in meinem Urteil. Keine Frage, es gibt mehr »sowohl als auch« wie »entweder oder«, und wenn man »sowohl als auch« sagt, dann sagt man, der ist zwar ein beschränkter Mensch (um keine härteren Worte zu gebrauchen), aber sicher hat das, was er so einwendet, ja auch mancherlei für sich. »Als auch« in diesem Zusammenhang heißt, daß der Haupteinwand gegen die »Freie Musik«, abgesehen von dem oberflächlichen, daß der Gulda nimmer mehr Klavier spielte, im Innersten eben die Unkontrollierbarkeit war, eben die Regellosigkeit als Prinzip, und das hab' ich ja konsequent durchgeführt.

Den Haupteinwand kann man auch so formulieren: »Where everything goes nothing matters.« (Wo alles erlaubt ist, ist auch nichts mehr wichtig.)

Der Grund dafür, daß ich Klavier nur ungern spielte, war der, daß ich das Gefühl hatte, für diese Art von Musik ist das Klavier aufgrund seiner Struktur und seines Klanges nicht geeignet. Auch aufgrund seiner irrsinnigen Größe, denn was macht ein Dreihundert-Kilo-Ungetüm im Zusammenspiel mit Instrumenten, wo deren schwerstes vielleicht zehn Kilo wiegt. Also, das war das eine, daß die gesagt haben, der Gulda ist verrückt, weil er so wenig oder gar nicht mehr Klavier spielt. Und das andere ist, daß diese »Freie Musik« all das, was man normalerweise als musikalische Kriterien bezeichnet, als da sind Rhythmus, Melodie, Harmonie, Form, einfach nicht aufweist, und das hat dann wieder zwei Auswirkungen: Die einen fühlen sich verarscht, und die anderen sind beleidigt, weil es keinen Ansatzpunkt für eine allfällige Kritik gibt. Wenn einer in einer Sonate zwei falsche Töne spielt, so kann man ihm das nachweisen, wenn aber eine Musik keine Regeln hat und auch keine anerkennt und ganz bewußt vermeidet, dann gibt es auch keine kritischen Anhaltspunkte. Alles ist gleich gut beziehungsweise gleich schlecht, das ist dann Ansichtssache. Da fühlen sich dann wieder die kritischen Geister zu den stärksten Aggressionen verleitet, weil sie nicht wissen, wohin sie mit ihrem kritischen Geist sollen. Das ist der Grund, warum solche Aggressionen bei dieser Musik entstehen. Sie ist nicht kritikfähig, denn wenn alles erlaubt ist, dann ist auch nichts verboten.

Das ist gerade das, worauf wir stolz sind, weil wir es ablehnen, von euch Idioten kontrolliert zu werden, also verschwindets g'fälligst. Die andere, wenn auch mildere Antwort – und da hört sich dann die Fragerei auf –, das war die Antwort der Limpe Fuchs zum Problem der Beliebigkeit: »Du, ich mach' alles ganz bewußt, aber ich weiß nicht warum. Ich mach' halt so, wie ich fühle.« Das ist ganz einfach eine Sache des Gefühls, die, und das muß ich jetzt betonen, mit der Philosophie dieser Musik nur am Rande etwas zu tun hat. Viele Musiker, die sich mit »Free Music« befaßt haben, für die war das auch ideologisch begründet. Für die Limpe war es auch ein bißchen Ideologie, aber für sie war das nicht zuletzt deswegen, weil sie eine Frau und ganz bewußt eine Frau ist, in ihrem Wesen begründet. Sie hat – ich sage das jetzt überspitzt, um dies besonders deutlich werden zu lassen – einen direkten Draht zum lieben Gott. Wie die das macht, das weiß ich nicht. Vielleicht hängt das zusammen mit den Stimmen … Wenn ich so an das historische Beispiel von der heiligen Johanna denke, die hat man auch gefragt, warum führst du jetzt die Franzosen auf dieses Schlachtfeld und nicht auf ein anderes. Wieso weißt du, du dummer Dorftrampel, daß du das machen mußt, was du machst, wieso hast du Erfolg? Da hat die auch immer dasselbe gesagt: »Ich weiß nicht, meine Stimmen sagen mir das.«

Damit will ich nicht sagen, daß die Limpe eine Heilige ist. Aber sie hat irgend etwas von einer Heiligen, sie hat musikalisch eine unerklärliche Sicherheit bei dem, was sie tut und was sie vermeidet. Sie hatte auch innerhalb des Kontextes der »Freien Musik« und hat bis heute die Möglichkeit, der rationalen Erklärung dessen, was sie musikalisch tut, zu entgehen. Wenn man ihr dann gesagt hat, du, was du da machst, ist doch wirklich völlig beliebig, sag mir eine Regel, warum du jetzt auf die große und dann auf die kleine Trommel haust, warum nicht umgekehrt, das ginge doch genausogut, das ist doch alles Wurscht in dieser Musik, hat sie kategorisch gesagt: »Na, des is' net Wurscht. I' spül' des, was i' innerlich hör'.« Ja, wo hörst du das? »Ja, i' hör' des eben so.« Das geht an die Grenze der Unerklärbarkeit, für die ich als Vergleich die Johanna herbeigezogen habe. Es gibt nicht viele Leute, die sagen: Gott will es so. Ich habe eine Vision, und er will, daß ich es so mache, und jetzt will er, daß ich schweige.

5

ICH WILL NICHT EINER VON DIESEN WIENER SELBSTMÖRDERN SEIN

Es ist doch vollkommen uninteressant, zum hundertsten Mal – mehr oder weniger gut oder schlecht, meistens schlecht – herunterzuspielen, was andere komponiert haben. Obendrein sind die dann meistens auch noch tot. Früher war das so, daß der das auch spielt, was er komponiert hat. Früher haben die Musiker Noten hinterlassen und heute eben Schallplatten. Diese reinen Notenspieler sind ja nun wirklich das Uninteressanteste, was man sich nur vorstellen kann. Einem Harnoncourt mache ich zwar nicht den Vorwurf, daß er nicht schöpferisch ist, aber solche Leute sind halt stinklangweilig. Die Trennung von Interpretation und Komposition ist eine unglückliche Degenerationserscheinung.

Daß viele Kritiker meine Kompositionen nicht ernst nehmen, stört mich in keiner Weise. Diese sogenannte Fachpresse. Wenn ich das schon höre – ein Haufen Scheiße. Das Publikum und die, die was davon verstehen, geben mir doch recht. Diese Kritikeridioten haben doch keine Ahnung, was der Gulda wirklich will und macht. Sie wollen und können sich nicht damit auseinandersetzen. So leben sie halt in ihrem klassischen Ghetto, sollen sie dort verfaulen.

In einem anderen Ghetto leben die »modernen Komponisten«, mit ihren »modernen Kompositionsmethoden«, insbesondere die, die sich von der Zwölftonmusik herleiten. Ich kann das nicht nachvollziehen.

Mit welchem Recht und von welcher Instanz leiten

speziell die Zwölftöner, aber auch andere moderne Komponisten, die ohne Grundton und ohne Tonalität auszukommen glauben, ihre Ordnungsprinzipien her? Ist das schrankenloser Individualismus? Wenn das so ist, dann ist die »Freie Musik« besser. Aber wenn einer sagt, gut, ich mache jetzt mit zwölf aufeinander bezogenen Tönen Musik, dann muß die Frage erlaubt sein, ja bitte warum nicht mit dreizehn oder mit elf oder mit Vierteltönen.

Mit welchem Recht dekretierst du, daß das die ab jetzt gültige musikalische Ordnung ist. Bist du der liebe Gott oder was. Wieso maßt du dir die Rolle des Gesetzgebers an. Das ist der Schwachsinn bei all diesen Versuchen im 20. Jahrhundert, die Vielfalt der Klänge und Töne in eine Ordnung zu bringen. Und ich sehe halt seit der Aufgabe des Grund- und Zentraltones – im erweiterten Sinn eben die Tonalität – dieses Prinzip der hierarchischen Ordnung der Töne, die ursprünglich ja eine Abbildung der himmlischen Hierarchie ist, daß man das heute abschafft und dann irgendwie versucht, eine andere Ordnung an die Stelle dieser Ordnung zu setzen, die sich nach dem Gefühl sehr ernst zu nehmender Leute von Gott herleitet, aus einer gewissen Gläubigkeit. Die Zehn Gebote kommen nun mal von Gott, des nützt einfach nix, und es ist niemand da, der das ersetzen könnte, auch nicht in dem kleinen und unwichtigen Bereich der Musik.

Bei mir ist es ja so, daß ich lange zögere, eine kreative Arbeit in Angriff zu nehmen. Es braucht lange, bis ich mich hinsetze und was aufschreibe. Von dem Moment an, wo man merkt, jetzt ist es soweit – wo ich musikalisch wieder etwas zu sagen habe –, entwickelt die Sache eine Eigendynamik, du kannst gar nicht mehr aufhören, selbst wenn du möchtest. Du kannst das gar nicht mehr aufhalten, wenn sich das kreative Werkl in Bewegung gesetzt hat.

Natürlich muß etwas passieren, damit der Gulda komponiert. Es ist meistens ein äußeres Erlebnis. Die Begegnung mit irgendeinem Interpreten, der mich interessiert und dem ich halt gern etwas schreibe. Oder – wie in den sechziger Jahren – daß ich oft Konzerte mit einer Big Band vereinbart hatte, für die es noch gar kein Repertoire gab, das heißt, ich mußte was schreiben. Oder die Tatsache, daß ich mit einem oder dem anderen Stück bei meinen Soloabenden großen Erfolg hatte, und dann macht man halt noch etwas in der Richtung, weil mir das Spaß macht.

Ich will damit sagen, diese romantische Vorstellung mit der Muse – was immer das sein soll –, die einen küßt, und dann muß man schreiben, das möchte ich schon eher von mir weisen. Es sind wirklich Anlässe, mein Bua – der Rico –, der hat mir so gut gefallen, so schreib' ich eben ein Stückerl. »Für Rico« ist ein halbes Porträt von diesem Buben, er war damals zwölf.

Auch da bin ich den von mir hochverehrten Leuten des 18. Jahrhunderts ähnlicher wie den von mir nicht sehr geschätzten Vertretern des 19. Jahrhunderts. Die allergrößten Meister, der Mozart, der Bach, der Haydn, der Beethoven, die sind mir in dieser Hinsicht ein bißchen ein Vorbild. Der eine in Linz hat gesagt: »I brauch' a neue Symphonie, na dann komponier' ich halt eine!« Oder in Prag. Da hab' ich mit dem »Figaro« Erfolg gehabt, die wollen noch eine Oper, also schreib' ich halt eine, den »Don Giovanni«. Also eine viel praktischere Einstellung zur Kunst, und ich bin stolz darauf, daß ich sagen kann: »Nächste Woche ist ein Konzert, wo wir ein Big-Band-Stück von zehn Minuten brauchen und ich mich hinsetzen kann, um eines zu schreiben.«

Einmal haben sie den Haydn gefragt, »Meister, Sie haben schon so viele Streichquartette komponiert, warum haben Sie in letzter Zeit kein Streichquintett komponiert?« Dann hat der g'sagt: »Es hat ja keiner eines bestellt!«

Natürlich liegen manche Ursachen und warum die Stücke dann so ausfallen, tiefer. Aber der äußere Anlaß, den möchte ich nicht unterschätzt wissen.

Für mich ist auch klar, daß ich meine eigenen Stücke selber dirigiere. Weil das ja auch niemand so gut kennt wie ich. Und schließlich haben das alle angesprochenen Großmeister genauso gemacht. Sie haben bei Kompositionen, die ihnen wichtig waren, die Uraufführungen und die Aufführungen selber geleitet. Ansonsten habe ich keine »dirigentischen« Ambitionen, vielleicht ist das auch der Grund, weshalb ich mit Dirigenten meist gut auskomme. Sie betrachten mich nicht als Konkurrenz. Ich kann ziemlich gut dirigieren, also besser als manche, die nichts anderes tun als das. Aber ich habe diesbezüglich keinen Ehrgeiz. Ich bin auch eher ein schlechter Prober.

Aus dem gleichen Grund bin ich auch ein ganz schlechter Lehrer, es is halt so: Wenn das nicht so klingt, wie ich das will, dann sage ich »noch mal«, und dann sag' ich »so und so«, und wenn's dann wieder nicht so klingt, dann denk' ich mir, was soll's, und laß' es halt laufen, wie's läuft. Manchmal sage ich zu meinen Schülern – ich hab' sehr, sehr wenige –, um sie moralisch aufzumöbeln: »Ihr müßt euch auf die Sache, an der ihr gerade dran seid, konzentrieren, ununterbrochen daran arbeiten, also dranbleiben. Alles andere muß euch unwichtig sein.«

Das, was den Schüler vom Meister unterscheidet, ist ja im Grunde, daß er sich nicht so konzentrieren kann.

Er weiß das aber nicht, sonst wäre er ja kein Schüler. Es ist ja eine richtige Arbeit und eine schwere Arbeit. Und wenn man das beharrlich so gemacht hat, dann schaut das so aus, als ob das gar nichts wär', wie von selbst. Das ist der Sinn der Sache. Das ist für mich die schönste Erfüllung von dreißigjähriger Schwerstarbeit.

Und das beste Beispiel ist halt wieder der Mozart. Da hat man das Gefühl, es geht alles von alleine. Es gibt keine Geheimnisse, keine Probleme, es ist alles perfekt, es ist alles meisterhaft. Nur steckt da eine ungeheure Konzentration, eine ungeheure Gedankenarbeit, ein ungeheurer Wille dahinter. Gewisse Leute meinen, dem fliegt halt alles so zu. Ja, so kann man es natürlich auch sehen. Es fliegt ihm die Fähigkeit zu, sich mit letzter Konzentration dieser Sache zu widmen, so daß es ausschaut, als wäre das überhaupt nichts. Das sind die allergrößten Meister.

Was mir auch zu einem Lehrer fehlt, ist, daß ich wenig Geduld habe. Und außerdem – und das ist vielleicht noch wichtiger –, ich hasse einfach schlechte Musik! Und die Schüler machen leider alle schlechte Musik. Man kann sie nur raushauen. Das Hirn sagt zwar, schau, der kann's nicht besser, aber pfui Teufel, ich halte das einfach nicht aus. Wenn ich den rausg'haut hab', setz' ich mich sofort selber ans Klavier und spiele mir das so vor, wie sich das gehört. Dann bin ich wieder glücklich.

Deshalb unterrichte ich so gut wie nie. Beim eigenen Sohn ist das natürlich was anderes. Ich habe ohnehin ein schlechtes Gewissen, weil ich ja immer viel zuwenig für ihn tue. Er hat gute Lehrer, aber auch der Sohn ist von der besprochenen Regel keine Ausnahme. Der Paul ist sehr tüchtig, und beim kleinen, dem Rico, wird es wahrscheinlich ähnlich sein. Ich verfolge ihr Wachstum – also in beiden Fällen auch ihr musikalisches Wachstum – mit einem gewissen distanzierten Interesse. Das klingt vielleicht ein bißchen so, als ob ich ein Rabenvater wär'. Vielleicht bin ich das auch. Aber für familiäre Bindungen, inklusive Vater sein, bin ich halt nicht sehr talentiert.

Mein Sohn hat mich einmal gefragt, wie man weiß, was wie zu spielen ist. Das ist eine Mischung aus Schule, Talent, Instinkt. Dadurch, daß man selber ein Musiker ist, kann man die Gedankengänge des fremden Herrn, in dem Fall des Komponisten, einfach besser nachvollziehen. Dann ist es die Schule, was die einem vermittelt haben. Talent hat ein bißchen was mit Eitelkeit zu tun.

Ein guter Lehrer versucht natürlich immer, die Technik zugleich mit der Musik zu vermitteln. Es läßt sich aber trotzdem nicht leugnen, daß das Übergewicht bei der akademischen Ausbildung auf der Fingerübung, also auf der Technik liegt, zuungunsten der musikalischen Erziehung. Bei der Jazzerziehung, wenn einer in den Club geht und irgendwie mitspielt, ist es genau umgekehrt. Der hört die Musik und will das, was er hört, umsetzen und erwirbt sich die Technik so nach und nach dazu – oder auch nicht. Man findet oft hervorragende Jazzmusiker, die das Instrument ganz einfach nicht g'scheit spielen können, andererseits auf der akademischen Seite gibt es genug Musiker, die Klavier spielen können, aber von Musik keine Ahnung haben.

Einmal, muß ich zugeben – irgendwann in den fünfziger Jahren –, war ich auch gerne Lehrer. Auf einer meiner zahlreichen Südamerikatourneen kam wieder einmal eine überaus lästige Mutter mit »Wunderkind« zu mir. Nach einigen Versuchen, die abzuwimmeln, wie in ähnlichen Fällen schon oft gemacht, ist das bei der nicht so ohne weiteres gelungen. So was von hartnäckig, und ich hab' dann gesagt: »Na, in Gottes Namen, also machen wir halt irgendwann was«, und habe ihr einen Termin gegeben. Tatsächlich kam die Mama Argerich mit dem zwölfjährigen Kind Martha. Ich war auf irgend etwas Durchschnittliches und Uninteressantes gefaßt. Sie war sehr nett, und ich war auch ein bißchen freundlich und hab' gesagt: »Na, was spielst denn, und wo hast du denn gelernt«, um ihr die Scheu zu nehmen, und mit kindlicher Unbefangenheit hat die Schubert gespielt. Ich kam aus dem Staunen nicht heraus, die war doch tatsächlich so etwas wie ein Wunderkind.

Sie hat ja ganz früh angefangen, wie ein Ballettmädel – mit vier –, und hatte einen sehr guten Lehrer, auch gut beleumundeten Lehrer, das war ein Mensch namens Scaramuzza. Die Mutter war natürlich sehr erfreut, wie ich reagiert habe, die wollte ja Empfehlungen sammeln und hatte schon eine vom alten Rubinstein, und mit diesen Empfehlungen wollte sie nach Europa. So sind die doch tatsächlich in Wien aufgetaucht, und die Argerich war dann über zwei Jahre meine Schülerin. Es war eine ganz seltsame Art von Unterricht, weil das Mädel eigentlich alles konnte, das war ja das Irrsinnige – mit zwölf –, ich hab' nicht gewußt, was ich ihr beibringen soll.

Klavieristisch war nichts mehr zu lehren, und so hab' ich zu ihr ganz ehrlich gesagt, was sie denn will. »Ja, ich möchte bei Ihnen lernen.« »Was willst denn lernen, du kannst doch alles?« »Ja, aber bitte, ich möchte doch so klassische Musik und bei Ihnen und Wiener und so.« Da ist mir ein Licht aufgegangen. Sie wollte in der europäischen oder Wiener Umgebung einfach mehr über klassische Musik lernen. Also unsere Wiener Klassik, Haydn, Schubert, Beethoven, Brahms und so, mehr, als man in Buenos Aires lernt, das fand ich sehr vernünftig. So habe ich versucht, ihr etwas beizubringen – unentgeltlich. Beim größten Talent, das mir je untergekommen ist, da Geld zu verlangen, ich hätte es nicht fertiggebracht.

Sie hat ja dann auch ein paar Wettbewerbe gewonnen, Genf auch. Nach dem Rubinstein und dem Gulda ist sie noch zum Michelangeli gegangen. Aber ich muß sagen, sie spinnt. Sie ist sehr sprunghaft, also nicht zuverlässig. Sie ist auch ein bißchen gefürchtet, weil sie oft absagt, sie ist eine Wilde, eine Verrückte, nicht leicht zu behandeln und immer ein gewisser Risikofaktor. Sie war eine Zeitlang mit einem Schweizer Dirigenten verheiratet, das war ihr zweiter Mann, vom ersten weiß man nichts, sie hat aber ein Kind von dem, und dann hatte sie eine Reihe von Pianistenfreunden, denen sie auch erotisch verbunden war. Sie ist da zu mir ganz offen. Ich bin für sie so eine Art Vaterfigur. Sie erzählt mir alles, wenn ich sie frage: »No, mit wem schlafst denn jetzt wieder«, dann erzählt sie mir das frei von der Leber weg, und ich weiß genau, wann sie glücklich ist, wann unglücklich. Unser Verhältnis ist immer noch so, wie es am Anfang war. Sie ist das kleine Mädchen, obwohl schon längst über vierzig, wenn sie mich anschaut, schaut sie immer noch wie die kleine Martha mit zwölf Jahren.

Momentan ist sie mit einem gewissen Rabinovitch zusammen, das ist ein russischer Pianist und Komponist. Einer von diesen Dissidenten, die man ein bißchen ernst nehmen muß. Der kommt aus der Ecke Schnittke, Schtschedrin. Ich habe mein Wohlgefallen kundgetan, daß ich diesmal mit ihrem Mann einverstanden bin, was nicht immer der Fall war, aber mit dem Rabinovitch paßt sie gut zusammen. Sie redet sehr viel, und er redet so gut wie nichts. Eine sehr gute Verbindung. Zusammen gespielt habe ich mit der Argerich eher wenig, in der Frühzeit, wie sie noch halb meine Schülerin war; richtig Konzerte gegeben oder Aufnahmen gemacht haben wir merkwürdigerweise nicht. Aber ich fühle mich mit ihr schon verbunden.

Verbunden fühle ich mich aber vor allem mit einer Reihe von hervorragenden Wiener Pianisten, wie Alfred Brendel, Ludwig Hoffmann, Jörg Demus, Paul Badura-Skoda, Ingrid Haebler, natürlich auch dem Rudolf Buchbinder. Das sind ja Verwandte von mir. Und ich glaube, ich bin jetzt alt genug, daß ich das ganz offen sagen kann. Das sind Verwandte von mir, nähere oder fernere.

Der Fall Brendel ist besonders interessant. Der arme Hund hat in seiner Frühzeit, wie wir beide noch jung waren und in Wien gespielt haben, gegen mich immer den kürzeren gezogen. Aber er hat das mit Emigration, mit Fleiß und mit Beharrlichkeit geschafft, sich diese Position zu erkämpfen, die er heute hat. Vielleicht bin ich somit an seiner ganzen Entwicklung und dem, was er jetzt darstellt, nicht so ganz unschuldig.

Natürlich habe ich gegen meine Wiener Kollegen – seien es jetzt die besseren oder die weniger guten – schwerste Vorbehalte. Aber ich muß schon sagen, daß uns etwas von dieser Wiener Pianistenschule, aus der wir hervorgegangen sind, doch sehr stark verbindet. Bei aller Konkurrenz und bei allen Einschränkungen, die es geben muß. Aber wenn ich vergleiche, mit irgendeinem Italiener, Russen oder Franzosen oder gar Amerikaner, da sind ja Welten dazwischen. Deswegen sage ich, es sind meine Verwandten, und manchmal gibt es gewisse Verwandte, die man nicht leiden kann, die man mehr ablehnt, wie einen Fremden. Die feindlichen Brüder, aber wir sind trotzdem Brüder. Wir sind alle aus der Wiener Schule – aus diesem morbiden Wien.

Nur in diesem morbiden Wien ist auch die Figur des »Golowin« vorstellbar. Der Golowin – das Pseudonym für mich als Sänger –, der ist ein Verwandter der schwarzen Wiener Mentalität. Er ist ein Verwandter vom Qualtinger und vom Kreisler. Überhaupt von dem ganzen Wiener Humor, der dann von Leuten wie André Heller kommerzialisiert wurde und sich sehr gut verkaufen läßt. Aber er läßt sich auch auf den lieben Augustin und die Pestsäule und, und, und zurückführen und auch auf die tiefe Melancholie und die Selbstmordstimmung, man denke nur an Franz Schubert oder an die gebrochene Fröhlichkeit von Johann Strauß. Der »Golowin« steht in dieser Reihe einer grundnegativen Mentalität. Ich habe diese Figur erfunden und mich selbst in sie verwandelt, um diese Mentalität auf diese Weise künstlerisch zu gestalten und dadurch zu überwinden und loszuwerden.

Das war der Grund, als ich wieder einmal in Wien war, wieder einmal angesteckt wurde von der berühmten schwarzen Wiener Selbstmordstimmung und in einem Willensakt gesagt habe, ich will das nicht. Ich wollte nicht einer von diesen Wiener Selbstmördern sein, die sich mehr oder weniger zu Tode gesoffen haben oder auf andere Weise zu Tode gekommen sind.

Im Grunde bin ich ein positiv eingestellter Mensch, aber manchmal überfällt mich dieser »Wiener Blues«. Ich bin ihn dadurch losgeworden, daß ich ihn aus mir herausgenommen habe und ihn als Golowin gestaltet habe. Dieses Pseudonym »Golowin«! Es ist mir gelungen, drei Jahre lang geheimzuhalten, wer dahinter steckt. Und prompt hat dann irgendein Kritikeridiot geschrieben: »Der Golowin ist eine große Entdeckung. Leider erhält er vom Gulda nicht die Unterstützung, die er verdient!«

Eine Mischung aus dem »Wiener Blues« und dem »Schwarzen Blues« ergab sich in Wien bei einem Konzert mit der Jessye Norman. Auf Wunsch eines nicht ganz unwichtigen Mannes von Polygram hab' ich mit der a bisserl was g'macht. Es war mir ein großes Vergnügen. Die Frau Norman ist eine riesige Sängerin. Aber das war keineswegs etwas, was in die Tiefe ging oder von Bedeutung ist. Wenn sie eine große Geigerin oder Cellistin oder die Gutman gewesen wäre, so wäre das dasselbe gewesen, genauso bedeutungslos.

Nicht ganz so bedeutungslos war es schon bei der Wiener Burgschauspielerin und Sängerin Maria Bill. Das war nach diesem Konzert mit der Norman. Die habe ich dort kennengelernt, und sie hat mir gut gefallen. Es gibt da ein Lied von mir, das heißt »Du und i«. Will's der Zufall, sitzt die auf demselben Tisch wie i – und da hab' ich mir gedacht, aha, ein Wink von oben – jetzt sing' i mit der im Duett »Du und i«, mein Liebeslied. Es hat tiefer gereicht, wir haben keine große Liebesaffäre gehabt, aber wir haben einiges miteinander unternommen und sind nebenbei ins Studio gegangen und haben das aufgenommen. Sie hat ja auch für so etwas was übrig, und außerdem war es künstlerisch sehr gut, daß die Grenze zwischen Lied und Leben ein bißchen verschwommen ist.

6
ICH HABE SCHMERZEN
KÜNSTLERISCH GESTALTET

Natürlich spielen in meinem Leben – wie im Leben eines jeden Künstlers, wenn er nicht gerade schwul ist – die Frauen eine große Rolle. So mit siebzehn, wie ich da zum ersten Mal so ungeheuer erfolgreich war und mich die Frauen als Jungstar angehimmelt haben, habe ich – wie so oft – Glück gehabt, daß mich eine sehr feinsinnige, wesentlich ältere und sehr attraktive Schweizerin »an die Hand nahm«.

Sie war wirklich eine kultivierte Frau, die die Musik liebte und selbst ein wenig musizierte, die mir auf eine Art und Weise, für die ich heute noch dankbar bin und an die ich noch gerne schmunzelnd zurückdenke, in der Praxis beigebracht hat, wie das nun so geht im Bett mit einer Frau. Ich habe mich benommen wie jeder dumme Rotzbub, und die neuerworbenen Kenntnisse mußte ich gleich bei einer Jüngeren ausprobieren und hatte kein Verständnis dafür, daß ich damit dieser älteren Frauensperson wahrscheinlich sehr weh getan habe. Man ist ja als pubertärer Rotzbub so was von blöd, unerzogen, eiskalt und herzlos, daß man sich nachher, wenn man ein bißchen mehr vom Leben weiß, nur an den Kopf greifen kann.

Ich verdanke dieser Frau auch, daß ich durch ihre kultivierte und hochmusikalische und freundliche Art einen sehr tiefen Bezug zur französischen Musik, aber auch zur französischen Kultur im allgemeinen gewonnen habe. Sie hat also einem dummen Buben, der zufällig halt sehr begabt war, aber sonst wirklich nichts,

95

die Ohren dafür geöffnet, daß Französisch eine sehr schöne Sprache ist, die man nicht mißhandeln soll, sie hat mir beizubringen versucht, daß auch der Debussy und der Ravel sehr gute Komponisten waren, die keinen Vergleich zu scheuen brauchen. Daß man die französische Küche und den französischen Wein schätzen kann, darauf kommt man ja sehr schnell, speziell unter so reizender Anleitung!

Das ist auch die Antwort auf die Frage, wieso spielt der Gulda mit solchen zauberhaften Farben und mit einer solchen Sicherheit. Der spielt das ja besser wie die Franzosen. Der ist doch aus Wien und nicht aus Paris. Das ist hochinteressant, wie das zu meinem Leben und zu meiner Musikausübung – sowohl der reproduzierenden als auch der kreativen – in Bezug steht, was die Frauen mir da geben, oder was sie damit zu tun haben.

Man hat mir vorgeworfen, daß ich schon sehr früh die Frauen ausgenützt und für meine Sache benützt habe. Da mag etwas dran sein. Es ist für mich kein Zufall, daß ich mein Leben in Dekaden auch im Zusammenhang mit den jeweiligen Frauen sehen kann. Man sieht doch ständig irgendwelche Frauen, aber an der man dann hängenbleibt, das ist halt die, die einem zu diesem Zeitpunkt sozusagen in den Kram paßt. Ob man das als benützen bezeichnen kann, möchte ich doch sehr bezweifeln.

Zur gleichen Zeit oder kurz darauf – wie das mit der Schweizerin war – lernte ich in Wien eine Musikstudentin, eine Amerikanerin, kennen, ganz jung – wie ich. Die war meine erste wirklich große Liebe. Wir haben Ausflüge gemacht und ein bißchen geschmust, wir sind in den Wald gegangen, haben fest Händchen gehalten und dann ins Kino, was man halt so macht in diesem Alter und zu dieser Zeit.

*Im Haus des Präsidenten des Gulda-Fan-Clubs
in Buenos Aires*

*Nach einem gemeinsamen Konzert mit Pierre Fournier,
dem »König der Cellisten«*

*Als Saxophonist beim Festival
in Recklinghausen...*

*... mit Erich Kleinschuster, Fatty George
und Toots Thielemans (v. l.)*

Mit der ersten Frau Paola Loew und Sohn David

Yuko, die zweite Frau, mit Sohn Rico

»Free« mit Limpe und Paul Fuchs

Ich weiß noch genau, wie die mir den Laufpaß gegeben hat. Ich bin dann nach Budapest gefahren, Ende der vierziger Jahre, um ein Konzert zu geben, wo ich mich mit 38° Fieber aus Liebeskummer ins Bett gelegt hab'. Aus dem Konzert wurde natürlich nichts, unglaublich, wie mir das zu schaffen machte. Nicht zuletzt deswegen, weil ich damals überhaupt nicht verstanden habe, warum mir die plötzlich den Laufpaß gab. Auf einmal sagt die: »It's over, it's finished.« Ich hab' gefragt: »Wieso, was ist denn, hab' ich was falsch gemacht?«

Heute bin ich ganz sicher, sie hat meine gewaltige Überlegenheit auf musikalischem Gebiet nicht ertragen. Ich habe sie nicht ernst genommen, ich habe mir gedacht, na ja, die spielt ganz nett Klavier, »so what«. Ich kannte hundert Studentinnen, die mindestens ebensogut, wenn nicht besser waren. Sie ist dann nach Houston, Texas, zurück, wo sie her war. Dort habe ich sie nach zehn Jahren wiedergesehen, da war das immer noch nicht ganz verheilt. Erst wie sie in Europa – vielleicht dreißig Jahre später – aufgetaucht ist, habe ich sie ohne Emotion als das gesehen, was sie war, ein höchst durchschnittliches, eher uninteressantes Frauenzimmer. Für mich war das unbegreifbar, daß ich für sie am Rande des Selbstmordes spazierengegangen bin.

Daß ich trotz dieser »Leidensgeschichte« phantastisch Klavier gespielt habe, liegt ganz einfach daran, daß ich auf der Bühne ja immer glücklich war. Das hat mir Vergnügen bereitet und Wohlbefinden. Außerdem, um den jungen Pianisten haben sich auch noch – in den fünfziger Jahren – Gott sei Dank andere Frauen gekümmert. So hätte ich die schwarzbraune Tochter eines millionenschweren brasilianischen Plantagenbesitzers heiraten sollen. Aber da wurde nichts daraus.

Anders bei der Paola Loew. Man kann wirklich bestimmte Schaffensperioden im Zusammenhang mit bestimmten Frauen sehen. Wie ich der berühmte reisende Pianist war, war die Paola Loew die richtige Frau. In Buenos Aires hab' ich sie kennengelernt. Sie war die reizende, hochbegabte junge Schauspielerin. Sie hat diesen Pianisten offensichtlich verehrt und auch geliebt, aber sie wollte auch nach Europa, weil sie eine Emigrantin war, ihr Vater ein Jude, ein galizischer k. und k., wie es sich gehört, und die Mutter war eine sehr temperamentvolle Italienerin aus Bologna. Die Paola ist geboren in Triest, wo sie die ersten fünf Jahre ihres Lebens verbracht hat, dann mußte sie wegen dem Hitler auswandern und hat die Jahre bis 1945 in der Emigration in Buenos Aires verbracht.

Nach ein oder zwei Jahren hab' ich sie mitgenommen nach Europa, wo sie zunächst versucht hat, sogar mit gewissem Erfolg, im deutschen Film Fuß zu fassen, in den fünfziger Jahren, und wir haben unseren »honeymoon« in Berlin verlebt und kurz darauf geheiratet, übrigens auch, weil das Kind unterwegs war. Das ist natürlich kein ernsthafter Grund, aber Frauen heiraten nun mal gern. Meinetwegen hätten wir nicht heiraten müssen. Aber fairerweise muß ich schon sagen, sie war und ist überdurchschnittlich musikalisch, sie spielt anständig Klavier und ist nebenbei noch eine ziemlich gute Schauspielerin.

Nur das Problem war, daß ich fast nie da war. Wir hatten zwar eine Wohnung, Kinder und ein sogenanntes Eheleben. Nur, ein »settle down«, also wo man sagt, da bin ich und da bleib' ich, das habe ich von Anfang an nicht ernst nehmen können. Damals machte ich so Streß-Tourneen, die längste fünf Monate, Amerika von oben bis unten, von Alaska bis Feuerland, irrsinnig. Und wenn ich zu Hause war, war meine Frau ständig im Theater und ich im Jazzclub. Das Eheleben hat sich – von kurzen Begegnungen abgesehen – so abgespielt, daß, wenn ich aufgewacht bin – so um zwölf, weil ich ja so lange im Jazzclub war –, sie gerade auf der Probe war. Wenn ich so zum Arbeiten angefangen habe, dann hat sie geschlafen, weil sie ja am Abend Vorstellung gehabt hat. Da habe ich dann geübt. Das gemeinsame Abendessen kann man auch nicht als ein solches bezeichnen, weil das ja für sie meist vor der Vorstellung war. Dann bin ich sie im Theater abholen gegangen, und dann sind wir mit ihren Schauspielerkollegen noch ein bißchen zusammengesessen.

Das war ganz lustig, Stammtisch bei »der Linde«. Ich hab' ein Viertel getrunken oder zwei, und um zwölf bin ich kribbelig geworden, weil ich ja dringend zum Fatty George in den Jazzclub mußte. Dann hab' ich gesagt »Servus«, und sie: »Ich bin so müde, ich geh' heim.« Das war unser sogenanntes Eheleben, wenn ich überhaupt in Wien war. Wir haben nicht gestritten, aber gemeinsam haben wir uns gefragt, wozu sind wir verheiratet, und da hat man sich in aller Freundschaft gesagt, laß' ma uns scheiden. Sicher, die Kinder, die zwei Buben, natürlich haben die mir leid getan, aber was hätte ich tun sollen.

Ich hatte von Anfang an das Gefühl, daß ich der Ehe samt lebenslänglicher Eingesperrtheit nichts abgewinnen kann. Ich habe mich ja schon am Standesamt gefragt, wie komme ich da mit halbwegs heiler Haut wieder raus. Und das als Grundlage für eine Ehe. Ich habe auch nie ein Hehl daraus gemacht. Immer wieder habe ich zu den Frauen gesagt, paß auf, ich bin zum Heiraten ungeeignet. Aber zwei davon wollten das partout nicht glauben. Na jetzt glauben sie's halt. Und die anderen, die Vernünftigeren, die haben kapiert, daß mit dem nichts zu machen ist, denn der ist lebenslänglich mit seiner Musik verheiratet.

Inzwischen war ich ein paar Jahre von meiner ersten Frau geschieden und lebte in Zürich. Zürich ist ein beliebter Emigrationsort, auch der Lenin, der Wagner, um nur zwei zu nennen, sind dorthin, wie's Schwierigkeiten hatten. Zürich ist also für Flucht oder Sichsammeln sehr geeignet. Ich wollte fort, aber nicht allzu weit, also Zürich. Vier Jahre habe ich meine Tourneen von dort fortgesetzt, darunter auch zwei nach Japan. Und schon auf der ersten Tournee hab' ich die Yuko kennengelernt. Sie war wahnsinnig jung, zwanzig, und ich fünfunddreißig. Sie hatte auch pianistische Ambitionen, die zwar recht achtbar waren, allerdings keineswegs so, daß sie mich vom Stuhl geworfen hätten. Sie hat mir gefallen, aber nicht wegen dem Klavierspielen, verdammt noch einmal. Sie ist dann nach Europa gekommen, und wir hatten einen riesigen »honeymoon«.

Ich hab' sie auch überallhin mitgenommen, weil's bei der so ungeheuer schön war und ich sie wirklich geliebt habe, aber gestritten haben wir ungeheuerlich. Es ging immer um dasselbe. »Ich bin auch ein Mensch«, hat sie gesagt. »Was willst du denn, du hast ein herrliches Haus, es fehlt dir an nichts, du hast einen Mann, der dich liebt, du hast ein herrliches Kind, du kannst deine Musik ausüben, also was willst du eigentlich?« Es waren schreckliche Streitereien: »Du nimmst mich nicht ernst, du nimmst mich nicht ernst, du nimmst mich nicht ernst!« Manche Kräche hatten – und das war besonders schmerzlich – rassistische Untertöne, das war furchtbar. Da hat sie geschrien: »Du bist auch ein Rassist«, da waren wir dort, wo gewisse Aussagen unverzeihlich sind, wo man sich scheiden lassen muß.

In dieser Zeit war, musikalisch gesehen, Jazz angesagt, und auf dem klassischen Sektor beschäftigte ich mich intensiv mit Bach. Ich hab' das Wohltemperierte Klavier auswendig gelernt und gespielt – bis zum Geht-nicht-mehr. Auch öffentlich. Das hat mir viel gegeben.

Inzwischen war ich auch ein anerkannter, reifer und voll professioneller Jazzmusiker geworden. Die Yuko hat sich aus Liebe oder vielleicht unter meinem Einfluß ernsthaft mit Jazzmusik befaßt. Mit der Ernsthaftigkeit und dem Ehrgeiz, der dieses Volk auszeichnet. Sie hat Unterricht genommen und hat mit ihrer bescheidenen Begabung das Maximum gemacht.

Vor einigen Jahren hörte ich vom Fritzl Pauer, daß ihm die Yuko von sich Kompositionen gezeigt hat. Ich schau mir das an und denk, ich werd ein Narr. Das hätte ich ihr nicht zugetraut. Sie hatte es ja wirklich nicht leicht. Eine Japanerin in Deutschland, geschieden, mit einem Kind. Irgendwie imponiert mir die Frau, aber ich weiß auch, wo die Quelle dieser Kraft ist, die sie da entwickelt: Sie will es mir zeigen! »Mein lieber Gulda, ich bin nicht nur, wie du vielleicht geglaubt hast, irgendein japanisches Pupperl, sondern ich bin auch jemand, ein Mensch, eine Persönlichkeit.« Für mich war's eben viel wichtiger, daß ich das Adagio aus einer Sonate erstklassig spiele, als ob jetzt meine Frau vielleicht glücklich ist oder unglücklich.

Im Gegensatz zur ersten Ehe sind wir im Bösen auseinandergegangen. Funkstille, jahrelang. Nur das Kind kam hie und da auf Besuch, also zu Weihnachten, Ostern oder so. Es war schrecklich. Jetzt ist es wieder so halbwegs aplaniert. Heute lebt sie in Wien und hat dort ein Restaurant.

Die »Konsequenz« war – von einigen »Zwischenfällen« abgesehen – die Frau Anders. Kennengelernt habe ich sie in Salzburg. Ich hab' da ein Konzert gegeben, vor vielen Jahren in der Aula der Universität, mit eigenen Werken, und da hat ein Schüler von mir, der Roland Batik, mitgespielt. Den habe ich so ein bißchen ins ernsthafte Musikerleben hineingedrängt. Wir haben »Concertino for players and singers« gespielt, und ich sage zum Roland, du paß' auf, ganz sicher bist du noch nicht, wir machen das so, wir spielen den Solopart abwechselnd oder gemeinsam. Ich kenne dich in- und auswendig, du spielst das, und wo ich merke, daß du unsicher wirst, gehe ich auf der Bühne herum oder mach irgend etwas oder fuchtel da herum und steig eben vierhändig ein, unauffällig – und die Leute glauben sowieso, das g'hört so. Die kapieren das eh nicht. Ich hab' das also ein bißchen showmäßig aufgezogen – ich kann das ja –, und bei den Proben zu diesem Konzert sehe ich in diesem Chor, der da mitgewirkt hat, eine Dame, die mir sehr gut gefiel. Das Konzert hat damit geendet, daß wir eine Zugabe gespielt haben, der Roland Batik hat gespielt wie der Teufel, und die Leute waren begeistert, das Haus hat getobt, und ich habe das Klavier Klavier sein lassen, habe mich um überhaupt nichts mehr gekümmert und begann mit dieser Choristin auf der Bühne zu tanzen, weil mir das viel mehr getaugt hat wie das blöde Klavierspielen. Die Leute haben gejohlt, es war ein Mordsaufstand. So hat das mit der Ursula Anders angefangen.

Bei ihr habe ich mir gesagt, ich werde versuchen, die Fehler nicht zu machen, die ich bei meinen verflossenen Frauen gemacht habe: daß ich sie unterdrückt, weggeputzt, zweite Geige, nicht vorhanden, allenfalls irgendwie als Püppchen zu gebrauchen und so weiter. So habe ich mir bei der dritten Hauptfrau gesagt, sie soll sich als gleichberechtigte Partnerin fühlen. Ihr musikalisches Leben bestand darin, daß sie so eine geachtete, aber keineswegs außergewöhnliche Oratoriensängerin war in Norddeutschland und durch gewisse Lebensumstände in Salzburg gelandet ist. Ihre Mutter war dort Professorin am Mozarteum für das Fach Gesang, und ihr Vater war der Peter Anders, der berühmte deutsche Tenor, und sie selber unterrichtete auch am Mozarteum Gesang.

Von ihr hörte ich dann, was ich bis dahin noch nie von einer Frau gehört hatte: »Du nimmst mich ja ernst, aber die Leute nehmen mich nicht ernst. Sie nehmen mich überhaupt nur im Zusammenhang mit dir wahr. Sie oder die ist halt jetzt die Neue vom Gulda. Aber daß ich auch jemand bin ohne den Gulda, das spielt keine Rolle. Das war früher ganz anders. Ich war zwar nur eine kleine Gesangslehrerin, aber ich war die Frau Anders, und meine Schüler haben mich respektiert und haben mich um meiner selbst willen geschätzt oder auch nicht. Aber jetzt bin ich nur mehr das Anhängsel vom Gulda!«

Die Trennung von der Anders – jetzt ist sie nach Hamburg gegangen zu ihren Geschwistern – war ein schmerzliches, zwei bis drei Jahre dauerndes Hinundhergezerre. Es war aus, dann wieder nicht ganz, dann wieder doch, dann wurde wieder gestritten, es war furchtbar. Ich habe sehr gelitten, ich glaube sie auch. Wir haben uns immer wieder unter Tränen versichert, daß wir einander lieben, aber trotzdem geht das irgendwie nicht mehr weiter. Schrecklich!

Musikalisch war ja meine Zeit mit der Anders äußerst fruchtbar. Alles, was in dieser Zeit zustande kam, hat mehr oder weniger mit ihr zu tun. Am meisten natürlich Concerto For Ursula und natürlich Opus Anders. Concerto For Ursula ist vollkommen geglückt, und Opus Anders hingegen wird von vielen für völlig verunglückt gehalten. Keine Frage, es ist problematisch. Opus Anders ist die künstlerische Gestaltung von Ursulas Leben. Ich habe vor vielen Jahren zu ihr gesagt: »Komm, spuck einmal alles aus und erzähl' mir deine ganze Scheiße!« Dann hat sie ausgespuckt, und ich habe die ganze Scheiße künstlerisch gestaltet. Nichts anderes ist »Opus Anders«. Es ist eine rücksichtslose Selbstentblößung, die für viele ans Peinliche streift.

Damals in den siebziger Jahren hatte das alles für mich Gültigkeit, und morgen ist es vielleicht schon wieder ungültig. Ich empfinde das nicht als Nachteil. Viele haben sich doch nur über die Nacktszene in Opus Anders aufgeregt. Diese Musik hat halt sehr viel mit Sex zu tun. Diese rücksichtslose Selbstentblößung beinhaltet halt auch diesen Teil. Diese Frau pfeift auf alle Vorschriften, die ihr die Männer immer gemacht haben, und macht ab sofort endlich das, was sie machen will, worauf sie Lust hat. Und sich ausziehen ist eben ein Teil dieser Befreiung. Sie merkt es nicht sofort, und wie sie es merkt, sagt sie: »Ich bin verrückt!« Genau in diesem Moment komme ich, nehme das Krummhorn – es ist natürlich kein Zufall, dieses Krummhorn, ich bin auch nackt – und sag': »Ich bin auch verrückt, komm spielen wir miteinander.« Diese Nacktszene wurde ähnlich wie Bergmans »Schweigen« als Skandal empfunden und total mißverstanden, ist aber künstlerisch begründet.

In diesem Stück bin ich ja in verschiedene Rollen geschlüpft – zur Illustration dieser Männergeschichten –, zuerst in diesen Jogi, dann in den Schlagzeuger und dann in den Psychiater, also die Männer, die im Leben von der Anders eine Rolle gespielt haben – vor mir.

Der tiefere Sinn dieser Sache war, daß alle ihre »Verflossenen« in einem übertragenen Sinn ja auch ein Teil von mir sind. Ich bin manchmal wie ein Jogi, wenn ich sag', »Jetzt gib' einmal a Ruh« oder »Meditier a mal«, »Blick' mal den Dingen ins Auge«, »Sitz einmal ruhig und tu nichts«, in dem Moment bin ich ein Jogi. Im Moment, wenn einem zum Beispiel der Mensch, besonders dann, wenn ich ihn liebe, leid tut und versuche mit meinen besten Kräften ihm aus den Schwierigkeiten herauszuhelfen, dann bin ich eben ein bißchen ein Psychiater. Und wenn ich aber zu ihr sag', »Hör zu, jetzt gehen wir einmal auf einen Berg« und »Jetzt gehen wir miteinander ins Bett«, und »Jetzt saufen wir uns an« und »Jetzt haben wir einmal eine Hetz« und »Pfeif auf deine Sorgen«, dann bin ich ein bißchen der Schlagzeuger, der ihr Primitivling war, an dem sie auch ihre Freud' hatte. Oder ich bin natürlich auch der eingebildete, dumme, hochnäsige, arrogante Dirigent, mit dem auch was war, oder ich bin auch der dumme Gesangslehrer.

Ich will damit sagen, alle diese Figuren sind auch Teile von mir, und das ist letztlich der Sinn, warum sie auf mich gekommen ist. Sozusagen die Summe ihrer Erfahrungen in punkto Männer, das bin ich. Ich bin mit dem ganzen Stückl sehr zufrieden, und ich freu' mich, daß beim letzten Konzert mit der Anders wir dieses Stück zu einem wirklich großen und echten Erfolg geführt haben.

»Concerto For Myself« könnte man als meine Loslösungskomposition bezeichnen. Diese Trennung hat weh getan wie der Teufel, zwei, drei Jahre lang. Aber es ist mir in einer ungeheuren Anstrengung durch die Gestaltung dieses entsetzlichen Schmerzes gelungen, ihn zu überwinden. Und jedesmal, wenn ich dieses

Stück höre, tut's ein bißchen weniger weh. Ich habe also Schmerzen künstlerisch gestaltet. Und das Finale hat eine total positive Ausstrahlung, die die Überwindung dieser Tragödie bereits widerspiegelt. Das ist eine Geschichte.

Zwei Tage hatte ich eine schwere Krise. Das Titelblatt dieses Konzertes hatte ich sogar schon umgeschrieben, ich wollte es »Open End Concerto« nennen. Das heißt, diese Kadenz, die freie Kadenz – dritter Satz – ins Unendliche fortspinnen und mich sozusagen um die Lösung, die Antwort oder um das Finale drücken und mir selber einreden, das sei die Lösung. Da habe ich mir gedacht, du mußt halt so herrlich improvisieren, daß die vom Orchester nacheinander heimgehen können, nimm dir nichts mehr vor – open end. Zwei oder drei schlaflose Nächte, und dann war es mir gelungen, das ehrlich zu überwinden, nicht weil man einen effektvollen Abschluß braucht, sondern das war die Bewältigung dieser Krise. Und jetzt, wo die Platte vorliegt, zeigt sich, das Finale höre ich am öftesten, weil es wahrscheinlich das Beste vom ganzen Stück ist und das Weiterführendste. Insofern habe ich die ganze Sache mit der Anders endgültig überwunden, ich hoffe, sie auch.

Die Zeitungen haben dann geschrieben, der Gulda treibt es jetzt mal mit dieser, mal mit jener. Das ist – wie sollte es anders sein – übertrieben. Aber es ist wahr, in dieser Agoniezeit lief mir dieses und jenes Frauenzimmer über den Weg, was zwar nicht lange ging, aber trotzdem irgendwie etwas bedeutet hat. Eine ist sogar daran schuld, daß ich einen kurzen »flash« hatte und gesagt habe: »Jetzt spiel ich nur mehr Chopin.«

Das war vor ungefähr zwei Jahren. Sie war eine temperamentvolle, schwarzhaarige, jüngere Frau, sehr lebenslustig, und hat es nach eigenen Aussagen, besonders in ihrer Studienzeit, ziemlich bunt getrieben. Es gibt da zwei junge ungarische Pianisten, der eine heißt Rankl, der andere Kocsis. Und sie erzählt, daß sie miteinander viel Spaß hatten. Als ich Rita fragte, sag' einmal, war das der Rankl oder der Kocsis, mit dem du so viel Spaß hattest, sagt sie, mit beiden. Also wir hatten viel Spaß, und sie hat mich ungeheuer beflügelt. Es war aber natürlich auch anstrengend. Mal war ich beleidigt, weil ich der soundsovielte war, dann wieder sie, dann wieder nicht, so ging das hin und her, dazwischen sind die Fetzen und das Geschirr geflogen. Sie war sehr talentiert, und ihr Lieblingskomponist ist Beethoven. Und das mir. Ich habe ihr gesagt, paß auf, ich bringe dir alles bei, aber bei Gott nicht Beethoven. Sie war ein romantisches Mädel aus Ungarn, ich habe sie auch sofort romantisch umschmeichelt, umworben und wollte das sein, was sie sich wünschte, eben der elegante Starpianist – eine Rolle, die mir überhaupt nicht liegt –, aber ich hab' sie ihretwegen gespielt, und wie man weiß, gar nicht schlecht. Plötzlich habe ich mich in etwas verwandelt, für das der Herr Rubinstein oder der Herr Pogorelich viel eher zuständig ist.

Ungeheuer, wie groß der Einfluß der Frauen auf die Künstler ist. Ich würde sogar so weit gehen und sagen, daß wahrscheinlich jeder Mann alles, was er tut, nur um einer Frau willen tut. Angefangen von der Mutter, die die erste und wichtigste Frau im Leben eines Mannes ist, über seine sämtlichen Frauen bis zum Ende.

Ein Extrembeispiel. Auch der Limpe Fuchs wollte ich natürlich gefallen. Aber das lief alles ganz anders. Ich habe das nie so ganz verstanden. Sie war mir gegenüber schweigsam, eiskalt und spöttisch, aber vor allem eisig. Sie hat nicht einmal gegrüßt. Bei allem musikalischen Interesse hat mich das ungemein geärgert. Sie war nicht hübsch im herkömmlichen Sinn, verheiratet eben und zwei Kinder. Es hat mich gereizt, sie so weit zu bringen, daß sie einmal nett zu mir ist.

Beim Musizieren funktionierte das alles wunderbar. Sie war sehr geheimnisvoll, und man konnte sie nicht frontal angehen. Sie ist immer ausgewichen, mußte in die Küche oder in den Stall oder zum Kind. Es war nicht möglich, mit ihr ins Gespräch zu kommen. Ich hatte manchmal auch das Gefühl, daß ihr alles andere viel wichtiger ist als diese Scheißmusik. Somit hat sie auch von mir, dem Musiker, nichts gehalten. Aber nichtsdestotrotz habe ich angefangen, ihr den Hof zu machen. Ich habe sie wissen lassen, daß sie mir gefällt, habe sie dann mit einem kleinen Geschenk überrascht und ihr versucht verständlich zu machen, daß mein Interesse über das Musikalische hinausgeht. Und siehe da, da war sie gar nicht unansprechbar.

Eines Tages oder besser eines Abends war es soweit. Und es war letztlich auch deswegen soweit, weil man kein schlechtes Gewissen hatte, da alle dauernd davon geredet haben, das sei das Selbstverständlichste von der Welt. Sie hat mich wissen lassen, daß sie dazu bereit ist, und es war in dieser Hinsicht sehr aufregend. Es war auch keine beginnende heiße Liebesaffäre. Es war beinahe nüchtern und sachlich, es hat sich auch an unserem ganzen Verhältnis nichts geändert, es lief alles so weiter wie bisher.

Der Paul, ihr Ehemann, hat das auch gewußt, hat aber mit keiner Wimper gezuckt. Ob es bei meiner musikalischen Trennung von den beiden Füchsen eine Rolle gespielt hat, daß ich mit seiner Frau geschlafen habe, kann ich nicht sagen. Es war ja die Zeit, wo man versucht hat, so etwas wie niedrige Gefühle, Eifersucht und so, zu überwinden. Und der Paul hat sich wirklich bemüht, es ist ihm dann aber irgendwie doch nicht ganz gelungen, aber wir haben es nie ausgesprochen.

In meinem Leben hab' ich weder vorher noch nachher jemals eine Frau getroffen, die so emanzipiert war wie die Limpe Fuchs. Daß ihr Mann die zweite Geige spielte, kann man nicht sagen, aber die haben das versucht, was so oft angestrebt wird und was so wichtig wäre – mit Betonung auf wäre –, nämlich eine echte Gleichberechtigung zwischen Mann und Frau.

Ob ich mit der freien Sexualität genauso gescheitert bin wie mit der freien Musik, kann man nicht so ohne weiteres sagen. So wie es ursprünglich gedacht war, geht es nicht. Aber es ist ein Teil des Gesamtkunstwerkes, und wenn man da einmal durch ist, weiß man viel mehr von der Musik, vom Menschen und vom Leben.

Also Liebe, Beziehung, Erotik, Sexualität bedeuten mir sehr viel. Und merkwürdigerweise, je älter ich werde, desto mehr. Der von mir sehr verehrte Duke Ellington hat ein Buch geschrieben mit dem Titel »Music Is My Mistress«. Ich würde das Buch meines Lebens in erotischer Hinsicht nicht so betiteln, aber es ist auch bei mir etwas dran. Die Musik ist die ideale Frau. Man fühlt sich bei ihr geborgen, wie bei der Mutter, man kann sich auf sie verlassen, wie auf eine treue und gute Ehefrau, und sie ist so aufregend wie die allerbeste Geliebte, aufregend, überraschend, immer neu und niemals langweilig.

Sicher gibt es Ausnahmen unter den großen Musikern, der Bach soll glücklich verheiratet gewesen sein. Aber ich für meine Person und die meisten anderen haben mit Frauen Schwierigkeiten. Das schließt natürlich nicht aus, daß wir den Frauen sehr zugetan sind. Aber auch den Männern, wenn auch nicht unbedingt sexuell. Wie ich mit dem Chick Corea gespielt habe, war das Liebe auf den ersten Blick. Wir haben nicht viel miteinander geredet, aber stundenlang gespielt, und es war Liebe, obwohl wir beide überhaupt nicht schwul sind. Den Corea bezeichne ich als Koboldkönig mit seiner Feenkönigin, der Gail Moran. Der Corea ist bei einem Konzert auf einmal mit ihr als Sängerin aufgekreuzt, und er hat zu ihr gesagt: »Du singst im zweiten Teil, und ich begleite dich.« Dann habe ich sofort gesagt: »Wenn das so ist, dann möchte ich im Anschluß daran deine Frau auch begleiten.« Wie wir dann so geprobt haben, habe ich meinen Arm um ihre Schultern gelegt und sie gefragt, ob sie weiß, daß ich sie liebe. »Nein, das hast du mir noch nicht gesagt.« Ganz entzückend! Und wie die Frage aufgetaucht ist, was sie überhaupt singen soll, habe ich ihr gesagt: »Schau, ich habe mit die besten Ohren der Welt, und du bist musikalisch, singe, was du willst, ich werde dir überallhin folgen.« Und wir hatten einen großen Erfolg. Das war Liebe zur Moran, aber auch zum Corea.

Eine wirkliche Beziehung kann ich mir mit einer Frau allerdings nur als Ganzes vorstellen. Wir werden sehen, was mit meiner neuen wird, der Doktorin der Theaterwissenschaften. Ich habe übrigens ihre Dissertation korrigiert. Kennengelernt habe ich sie im Konzerthaus in Wien. Ich habe mich da über eine andere geärgert und bin in den Mozartsaal üben gegangen, ich denk' mir, g'rad jetzt kommt die schon wieder, nicht einmal in Ruhe üben kann man, dabei war das die junge Studentin. Instinktiv und ohne irgendeine Absicht hab' ich gesagt, ich freu' mich so, daß Sie da kommen, ich habe jemand anderen erwartet, über den ich mich geärgert habe, grüß Gott, und so sind wir ins Gespräch gekommen. Ich habe dann weitergespielt, sie hat sehr nett zugehört. Sie war damals noch keine dreißig und hat sich ein paar Netsch als Sekretärin verdient, so war sie im Konzerthaus und hat g'schaut, wer da spielt.

Im Laufe der nächsten Zeit hat sich dann herausgestellt, daß sie genau im richtigen Moment gekommen ist. Über zahlreiche Klippen und vor allem auch über viele Streitereien hat das gehalten, und das dauert auch schon fast drei Jahre.

Der Tratsch sagt, daß sie wenig musikalisch ist. Das kann man so aber nicht sagen. Sie ist intelligent und künstlerisch sehr feinfühlig, so daß sie das irgendwie wettmacht. Sie kann also sehr wohl gute von schlechter Musik unterscheiden. Ich weiß nicht, wie man das macht, wenn man nicht sehr musikalisch ist, das ist mir ein Rätsel. Ich hab' mich natürlich gefragt, was werde ich die ganze Zeit mit der machen, was werd' ich mit der reden. Die Hauptsache meines Lebens ist für sie relativ fernstehend, und dann komm' ich drauf, die hat ja eine enorme Phantasie, und da braucht man sich ja nicht langweilen und streiten, sondern man kann sich ja ergänzen.

Nachdem das bisher oft so tragisch ausgegangen ist, habe ich ihr immer wieder gesagt, du, ich warne dich vor mir, ich habe noch jede Frau unglücklich gemacht, ich warne dich. An dieser Stelle möchte ich ihr das Kompliment machen und ihr sagen, ich bin sehr glücklich darüber, daß sie sich von diesen wiederholten Warnungen nicht hat abschrecken lassen.

Als Golowin

Interfoto, München

Mit Martha Argerich in Wien

Mit Sohn Rico am Attersee

Sepp Dreissinger, Wien

Mit Ursula Anders

In »opus Anders«-Kostümen

Sepp Dreissinger, Wien

Probe im Wiener Konzerthaus

Sepp Dreissinger, Wien

Beim Abhören im Studio

7

MAN WILL DIE MAHNUNG
WEGSCHIEBEN

1968 war ich achtunddreißig Jahre, nach den Begriffen der aufständischen Jugend schon ein Opa. Wie ich von den ersten Unruhen in Paris, Berlin und München gehört hab', war ich gerade in Zürich. Endlich, hab' ich mir gedacht. Gott sei Dank! Endlich, endlich rührt sich was. Warum nicht schon viel früher? Zunächst war das für mich gar nichts unbedingt Politisches, ich habe mir nur gedacht, Gott sei Dank, daß die endlich einmal so auf den Tisch hauen und selbst diesen alten verkalkten Trotteln, wie den de Gaulle und den Adenauer und wie sie alle heißen da oben, das Fürchten lehren. Da hat es doch diese schönen Slogans gegeben wie »Weg mit den Talaren, Muff von tausend Jahren« und viele mehr. Meine Reaktion war »Großartig!«, wie das weltweit aufgebrochen ist, mit allen segensreichen Langzeitwirkungen, von denen wir bis heute profitieren und die die Welt tatsächlich verändert haben.

Wie bei so vielen Revolutionen wurde da auch übers Ziel hinausgeschossen. Das Ergebnis war schlußendlich, daß die einen gesagt haben, ohne Maschinengewehr und Bombe geht es nicht – die sind in die Terrorszene abgesunken –, und die anderen, wir haben nichts erreicht, wir gehen aufs Land und leben unsere Vorstellungen, aber ohne politische Ambition, nur für uns selber, in der Isolation. Eine dritte Gruppe findet sich im Establishment wieder. Das waren die Unernsten, die sagten, das funktioniert nicht, und außerdem will

113

ich jetzt ein Bier und dreitausend Mark. Ich geh' zum WDR, dort komm' ich schon irgendwie unter. Oder sonstwo. Das war die Mehrzahl, die frei nach der Devise handelten, wenn wir's so nicht schaffen, dann machen wir uns dieses System zunutze und machen wenigstens Geld. Das ist der reine Zynismus!

Man kann denen nicht einmal einen Vorwurf machen, denn die Konsequenz, die in die Rote-Armee-Fraktion führt oder in die Landkommune, in die Einsamkeit, die Kraft, diese Konsequenzen zu ziehen (die notabene beide falsch sind, das muß man hinzufügen), die hat halt nicht ein jeder, das erfordert eine gewisse Charakterstärke, die die meisten nicht haben. Die meisten Menschen sind feig und Opportunisten, deswegen ist diese ganze Bewegung so ausgegangen. Natürlich verstehe ich, warum es zu diesen Aktionen gekommen ist, welche Überlegungen, welche Logik dorthin geführt haben, daß die gesagt haben, Kinder es geht nur mit dem Maschinengewehr. Ich bin ja kein Trottel. Aber verstehen heißt nicht befürworten.

Auf dem musikalischen Gebiet hat mich das 68er Jahr zufriedengestellt. Es war nicht mehr die Jazzmusik im engeren Sinn der Puristen angesagt, es war der Beginn der Rockmusik, die Beatles, Santana, und es waren die Anfänge der Pink Floyd und Emerson, Lake & Palmer und so weiter. Zu Beginn der Rockmusik war so viel Jazz drinnen, eigentlich ist ja die Basis beider Musiken dieselbe, machen wir uns doch nichts vor, auch wenn das viele nicht wahrhaben wollen. Und die Message war, wenn uns die »Respektspersonen« und die Lehrer schon nicht achten, so achten wir Jazz- bzw. Rockmusiker uns selbst wenigstens. Wir werden nicht mehr sagen, ich bin ja nur ein Jazzmusiker, ich muß mich in irgendeinem Kellerclub verkriechen, denn ich kann ja nicht spielen, ich bin ja arm, ich kann ja nichts, und das ist auch nichts, also daß man sich als Unterdrückter die Philosophie der Unterdrücker zu eigen macht. Die 68er haben einfach gesagt, »Black ist beautiful«, und wenn euch unsere Musik nicht gefällt, dann geht zum Teufel. Uns g'fallt's, wir finden sie sehr gut, mindestens so gut wie eure.

Ein anderer Aspekt war auch die sexuelle Befreiung. Ich mußte als junger Mensch immer in irgendwelchen eiskalten Haustoren oder auf verschwiegenen Rücksitzen von irgendwelchen Autos mit einem Mädel herumtun, und mich hat das richtig gefreut, daß das in Schweden sogar gesetzlich verboten wurde, weil irgendwelche engstirnigen Eltern zum Sohn gesagt haben, du bringst mir aber nicht die Freundin mit nach Hause. Also die unerlaubte Einmischung in das Privatleben. Das war die sexuelle Revolution der 68er.

Diese »Befreiungsversuche« waren bei vielen mit Drogen verbunden. Ich selbst habe manchmal ein bißchen Haschisch geraucht. Aber schwere Sachen habe ich nie genommen. Ich glaube, weil ich die auslösende Gefühlslage weitgehend nicht kenne. Meine Drogenerfahrung ist zwar vorhanden, aber wirklich minimal. Ich habe keine Minderwertigkeitskomplexe oder ein angeknackstes Selbstbewußtsein, daß ich zu diesen Mitteln greifen mußte, um es irgendwie wiederherzustellen.

In dieser Landkommune, wo ich eine Zeitlang gelebt habe, da hat zwar der Joint die Runde gemacht, und es war ganz schön, man ist relaxed und happy. Für mich war der Joint das herrlichste Schlafmittel. So gut geschlafen wie auf einen Joint, ja, traumlos und durchgeschlafen bis in d'Früh, hab ich selten.

Viele sind daran zugrunde gegangen, auch in meiner näheren Umgebung. Ich wußte, die sind auf Heroin.

Die haben mir entsetzlich leid getan, aber als ich gehört hab', der Baker bringt sich um und auch der Bud Powell, und der Charlie Parker hat sich schon umgebracht, wurde mir ganz übel. Meine Bewunderung für diese Musiker ging nicht so weit, daß ich ihnen jeden Blödsinn nachgemacht habe. Wichtig war das Leben in der Landkommune mit allem, was dazugehört, eigene Pullover, selbstgebaute Wohnung, selbstproduziertes Essen, biologischer Anbau. Heute kriegt man Körndl pseudohalber schon im Hotel Imperial. Aber damals war das alles ungeheuer ernst, neuartig und tatsächlich aufregend, und ich habe mich dem angeschlossen, weil es die logische und gewaltfreie Fortsetzung dieser Ideen war, die im 68er Jahr aufgebrochen sind.

Ich war immer der, der gesagt hat, wenn schon, denn schon, wie ich es von meinem Vater gelernt habe, der immer gesagt hat: »Mach das, was du machen mußt, aber mach es ordentlich und bis zur letzten Konsequenz.« Und das verstehen natürlich die meisten Menschen nicht, weil man dadurch auch so eine Vorbildfunktion bekommt, man lebt was vor. Der Masse ist es lästig, daß es Leute gibt, die anders sind wie sie. Sie fühlen sich quasi schuldig vor dem, weil der ständig was vorlebt, was sie nicht tun, obwohl sie genau wissen, was sie eigentlich tun sollten und in einem ganz hohen Sinn auch tun könnten. Insofern ist er ihnen eine ständige lästige Mahnung, die sie wegschieben wollen, und sie rächen sich an ihm, solange er noch lebt, und wenn er tot ist, haben sie Schuldgefühle und versuchen diese dadurch zu verdrängen, daß sie ihn scheinheilig »ehren« oder daß sie ihm Denkmäler setzen oder daß sie ihm Kirchen bauen, um noch ein größeres Beispiel zu nennen. Zuerst haben sie ihn umgebracht und nachher, wie er hin war, haben sie ihm Kirchen gebaut, und beides zu dem gleichen Zweck, um ihn loszuwerden. Also solange er sie ermahnt hat und da war, hat er gesagt, »Du sollst deinen Nächsten lieben wie dich selbst« und so weiter, und so weiter. Na, dann haben sie ihn hingerichtet, und nachher haben sie gesagt, wie machen wir das, daß wir die Nachfolge auch nach seinem Tod verweigern, ach ja, wir bauen ihm Denkmäler beziehungsweise Kirchen, was das gleiche ist. Also ein Verdrängungsmechanismus. Man will die Mahnung wegschieben.

8
DER VERHEERENDE EINFLUSS DER SELBSTERNANNTEN KRITIKERPÄPSTE

E s ist schon eine Frage des Niveaus, wenn wir zum Beispiel den Joachim Kaiser hernehmen, der ja so etwas ist wie ein Kritikerpapst. Es blieb mir keineswegs verborgen, daß der Herr Kaiser und sicher auch der Herr Schonberg in New York ein anderes Niveau haben als die Durchschnittszeitungsschreiber irgendwelcher Wischblätter. Das ändert aber nichts an der Kritik wegen dieses Ghettobewohnertums. Es bringt uns nicht weiter, wenn diese Herren mit Intelligenz und Gefühl und stilistisch ausgefeilt ihren begrenzten Horizont beschreiben und so tun, als ob die Abkapselung der europäischen Kultur von der afroamerikanischen eine gottgegebene Tatsache wäre.

Ich kann schon nuancieren zwischen einem Kritiker, der weniger Niveau hat, und einem, der mehr Niveau hat, aber der Hauptvorwurf gilt für beide, daß sie das wichtigste musikalische Ereignis in unserem Jahrhundert ignorieren. Schuld an dieser Entwicklung trägt der verheerende Einfluß der selbsternannten Kritikerpäpste samt ihrem Gefolge, dem niederen Klerus der Tagesrezensenten. Ihnen erscheint das, was der Gulda macht, was er ist und wofür er steht, mit Recht als höchst gefährlich. Nicht nur erfrecht er sich, das, was sie dem Publikum ständig als »moderne Musik« einreden wollen, weder für modern noch für Musik zu halten, er macht aus dieser Einstellung auch keinerlei Hehl und kritisiert unaufhörlich.

Das Publikum läßt sich aber nicht immer weismachen, daß Heiterkeit, Freude und Spontaneität nur dem Narren erlaubt bleiben, daß nur der eingelernte Krampf auf der Bühne, die gerunzelten Gesichter im Parkett, gefolgt von der spaltenlangen pseudointellektuellen Suada am übernächsten Tag in den Zeitungen, die Zeichen wahrer E-Kunst sind. Wenn das Publikum ihre Avantgarde als das erkennt, was sie in Wahrheit ist, eine traurige, bedauernswerte Clique, die die wichtigsten musikalischen Entwicklungen dieses Jahrhunderts einfach verschlafen hat.

Natürlich war es nicht leicht, über so viele Jahre hinweg mit einer massiven Verständnislosigkeit von vielen Seiten zu leben. Ich muß allerdings diesen Leuten, die in meinen Konzerten Vorbehalte gegen mich mehr oder weniger artikuliert haben, mehr oder weniger intelligent, durch Wegbleiben oder durch Weggehen zum Ausdruck gebracht haben, letztlich recht geben. Ich fühle mich heute dazu verpflichtet. Daß das, was wir wollen oder ich wollte – vor allem in den siebziger Jahren –, daß das nicht geht, ich möchte es aber nicht eine Sekunde missen. Diese Dekade war eine ganz wichtige und unersetzliche Erfahrung. Das Urteil, das ich ausspreche, daß ich sage, es geht nicht, bekommt erst durch diese Erfahrung einen Wert.

Wenn irgendein Ewiggestriger oder sonst so ein Trottel daherkommt und sagt, das hab' ich dir doch gleich gesagt, daß das nichts ist, dann ist er nur ein kleiner Nazi. Wenn einer aber das bis zum Letzten durchzieht, durchkostet, durchlebt und durchgedacht hat bis zur äußersten Konsequenz und dann sagt, das alles geht so nicht, ist es ganz etwas anderes.

Diese ausgesprochenen Arschlöcher sagen natürlich, darf er unsere Pfründe gefährden, unsere Geschäfte stören? Darf er unsere sakrosankte Unterscheidung zwischen der Musik der weißen Herrenrasse und der minderwertigen Negermusik, also »E«- und »U«-Musik, in Frage stellen, unterlaufen, für ungültig erklären und diese weltweit geübte musikalische Apartheidpolitik für ebenso ungerecht, zutiefst unmoralisch und obszön erklären wie die Apartheid im üblichen Sinn? Darf der Gulda im klassischen Konzert eigene Chansons singen, jazzen, improvisieren, ja gar mit dem Publikum reden, keinen Frack tragen? Darf er unseren gesellschaftlichen Rang, unsere soziale Stellung, unsere musik- und kulturpolitische Ordnung ins Wanken bringen?

Und wie kann man auch einen Duke Ellington für einen besseren Komponisten halten als Pierre Boulez. Oder Michael Jackson für einen unvergleichlich besseren Sänger als zum Beispiel René Kollo, oder Keith Jarrett für einen weitaus wichtigeren Pianisten als Vladimir Horowitz. Darf der bitte, obwohl wir die Tonalität seit Jahrzehnten für überwunden erklären, es wagen, in Wort und Tat die Meinung vertreten, daß sie keineswegs überwunden ist?

Nein, er darf es natürlich nicht. Er ist gefährlich, er muß unschädlich gemacht werden. Aber wie? Mit Frontalangriff, brutalem, direktem Verreißen geht das nicht. Dazu kann der Mann zuviel. Da würde man unglaubwürdig werden. Also macht man es so: Man lobt in höchsten Tönen die Unterhaltsamkeit seiner Musik, seine Entertainerqualität, man verwischt immer im Tonfall der Anerkennung den Unterschied zwischen warmherzigem, musikalischem Humor und den kalten, öden Witzeleien gewisser Zeitgenossen. Man verwendet die Begriffe Parodie, Ironie, Spaß und so weiter und gibt damit kund, daß zwar »Aria« oder der zweite Satz von »Concerto for Ursula« durchaus gefällt, aber selbstverständlich nur als parodistische Ironie. Daß wir diesen brillanten Spaßmacher nicht eine Sekunde lang ernst nehmen, ist wohl klar.

Ich kann nur dringend empfehlen, diese neue französische Philosophenschule des Herrn Glucksman zu lesen. Er hat auch ein Buch geschrieben, das heißt »Die Meisterdenker«, wo er mit der Gesinnung abrechnet, kritisch und im phantastischen Stil der so typischen Denkschärfe der französischen Philosophen, daß paradoxerweise der Befehl »Du bist frei«, eigentlich dich völlig unfrei macht. Dieser Gedanke bringt das Gedankengebäude der absoluten Freiheit, die mit Willkür verwechselt wird, sehr schnell zum Einsturz.

Mein musikalischer Instinkt, der das nicht in dieser präzisen Form formuliert wie der Herr Glucksman, der aber mich zwingt, so zu handeln, hat mir aus Gründen, die ich damals gar nicht begriffen habe, gesagt, so, jetzt muß ich das machen. Das war der Auftakt zu meinen drei wichtigen Werken, dem »Cellokonzert«, »Concerto For Ursula« und »Concerto For Myself«. Das sind die großen, großzügigen Werke der achtziger Jahre, die diese Überzeugung zum Ausdruck bringen, daß es mit dieser radikalen Freiheit – oder man kann auch sagen, Willkür – nicht getan ist. Daß sie zwar vorhanden bleibt, aber als ein Bestandteil eines größeren Ganzen, das sehr wohl Gesetze und Regeln kennt.

Ich habe den Ausbruch in die totale Freiheit mit Begeisterung mitgemacht, aber dort, wo die Gefahr erkennbar wurde, daß das in Tyrannei umschlägt, bin ich sofort ausgestiegen – bis hierher und keinen Schritt weiter – und bin in die Restauration der achtziger Jahre.

Natürlich kann man mit so Schlagworten wie Neokonservatismus oder Rechtsruck kommen. Ich habe mich bemüht, dieser neuen Atmosphäre, die die achtziger Jahre bestimmt hat, gerecht zu werden. In den Siebzigern haben wir noch an etwas geglaubt, wir haben uns für etwas eingesetzt, und in den Achtzigern wurde dies aufgegeben, und die Konservativen haben wieder Oberwasser.

Im Gegensatz zu den großen Schwierigkeiten, die ich in den siebziger Jahren mit dem Publikum hatte, nimmt das Publikum heute das mit Wonne zur Kenntnis. Ich glaube, das Entscheidende ist, daß man mir diesen Vorwurf des Neokonservatismus nicht machen kann, da es sich auf einer höheren Ebene abspielt. Nur das Negative abzubilden, ist mir nicht genug. Der Künstler muß ja weitergehen. Er muß moralische Instanz sein. Das Göttliche erkennen und ausdrücken. Die Anarchie ist nicht das Paradies, ohne Regel geht es nicht. Der Mensch braucht was Gültiges. Er muß wissen, was ist richtig und falsch, was gut und böse ist.

Die »Freie Musik« ist eine schöne Utopie. Der Schönberg ist auch davon ausgegangen. Die Musik wurde von allen Regeln befreit, aber wenn wir nicht wollen, daß das alles, die Freiheit im Chaos endet, muß ein neues System her. Daß ein System vom Menschen erdacht wird, halte ich nun – weder künstlerisch noch politisch – wirklich nicht für geeignet, um das Chaos zu verhindern. Ich glaube, daß man den Leuten etwas in die Hand geben muß, woran sie sich halten können, wo sie sich von Herzen wohl fühlen können und ja sagen und wofür sie sich überschwenglich bedanken. Das kann vielleicht der »Musikantenstadl« auch. Aber der Unterschied zwischen meinen »neokonservativen« Werken und dem Musikantenstadl ist, daß bei meiner Musik die Berechnung, das Buhlen um die Gunst des Publikums wegfällt. Ich schreibe nicht, um Erfolg zu haben. Das ist nicht mein Motiv. Ehrlich gesagt ist mir dieser Erfolg genauso gleichgültig wie der Mißerfolg der siebziger Jahre.

Ich glaube, die Leute sind deswegen so dankbar für diese Musik, weil sie spüren, daß das, was ich ihnen da sage, was zum Glauben, zum Glücklichsein ist, und daß ich diese Wendung selbst vollzogen habe. Sonst könnte ich nicht so komponieren. Denn was ich da schreibe, ist nicht nur erfreulich und vergnüglich, so wie von mir aus der Musikantenstadl auch, sondern es ist vor allem wahr, und das ist der Musikantenstadl nicht. Das ist der Unterschied. Ich lüge nicht, ich verdiene trotzdem viel Geld, und die Leute dreh'n auch den Fernseher auf, aber ich brauch' mich dafür nicht zu schämen.

Wie alle Schlagworte ist natürlich das Wort Musikantenstadl gefährlich. Ich möchte nicht in den allgemeinen Chor des Hohnes und der Ablehnung von der selbsternannten kulturellen Schickeria in bezug auf den Musikantenstadl mit einstimmen. Sicher ist das, was dort geboten wird, auf eine ganz besondere – und auf eine sehr billige Art – kommerziell herg'schniegelt, trotzdem bin ich nicht der, der in den Chor mit einstimmt und sagt, alles, wo die Tuba »bumb, bomb – bumb, bomb«, wo die Tuba diesen einfachen Basisrhythmus der alpenländischen Marschmusik spielt, alles das ist automatisch schlecht. So leicht möchte ich es der Frau Löffler vom »Profil« nicht machen. Ich möchte auf keinen Fall zu den traurigen Schmocks gehören, für die alles schlecht ist, was mehr als zehn Leuten gefällt. Ich bin befreundet mit einem wunderbaren Volksmusiker namens Oberschmid, der wohnt zwei Häuser von mir entfernt und spielt wunderbar Ziehharmonika. Volksmusik. Der hat natürlich großen Einfluß auf das Cellokonzert gehabt. Und der Resch ist der Leiter der Platzmusik, ein sehr guter Trompeter, der hat mich auch beeinflußt.

Das, was ich beim Musikantenstadl so kritisiere, ist das Element der Berechnung. Man schreibt was für die Depperten oder spielt was, damit's auch alle Blöden verstehen, damit man recht viel Geld verdient und Millionen Einschaltziffern hat. Ich weiß, wie gearbeitet wird in den Tonstudios, wie in einer eiskalten und zynischen Weise spekuliert wird, das ist moralisch verwerflich. Wenn einer das macht, weil er Spaß daran hat, weil er Freude daran hat, weil er gerne tanzt und weil er gerne beim Schuhplattln auf die Lederhos'n haut, dann seh' ich überhaupt nicht ein, warum ich das nicht auch machen soll.

Aber jetzt ist ja schon das siebte Lebensjahrzehnt, die siebte Lebensdekade angebrochen – möglicherweise mein letztes Lebensjahrzehnt –, jetzt, wo ich mein Leben zum größten Teil überblicke, muß ich sagen, daß gerade die Öffnung in Richtung Jazzmusik oder in Richtung schwarzer Musik die wichtigste Lebensleistung von mir ist und bleibt. Vor allem kulturpolitische Leistung, und ich glaube, es ist sinnvoll – wenn sich mein Leben dem Ende zuneigt –, wenn ich dorthin zurückkehre, aber ohne daß das als ein Rückschritt erscheint, sondern als eine gewaltige Zusammenfassung.

9

»DIESE LEUTE WERDEN DANN WIE GULDA, GILELS ODER BRENDEL UND SIND DOCH NICHTS«

Ich interessiere mich schon auch für Menschen, die unmittelbar mit Musik nichts zu tun haben, wie zum Beispiel für den Thomas Bernhard. »Die Berühmten« habe ich von ihm gehört in der Hörspielfassung. Ich fand das großartig. Die Präzision der Zeichnung der Salzburger Festspielclique und ihrer grenzenlosen Überheblichkeit ist meisterhaft. »Heldenplatz« habe ich in einem Szenenausschnitt gesehen und mehr gelesen. Das fand ich auch in seiner Schärfe und Hellsichtigkeit bewundernswert. Dann habe ich, vermutlich viel zu schnell, aber ganz gelesen »Holzfällen«, und ganz gesehen und auch bewundert habe ich den »Theatermacher«, und zwar in München.

Vorbehalte habe ich beim Bernhard, wie bei allen modernen Künstlern, die über eine gewisse pessimistische oder im Extremfall sogar nihilistische Grundstimmung nicht hinausgekommen sind. Wenn solche Leute anmaßend oder frech sind, dann lehne ich sie ab, oder ich kritisiere sie auf das heftigste. Bei Leuten, die ich so bewundere wie den Thomas B. ist das mehr das Gefühl, daß sie mir leid tun. Auch beim Beckett war das so, daß man keinen Versuch macht, da rauszukommen, und dort stehenbleibt und sagt: »Die Welt ist grauslich oder elend oder sinnlos oder, oder«, das stimmt schon von der Warte des Herrn Beckett oder eben von der Warte des Herrn Bernhard aus, aber es tut mir leid, daß sie mit einer bewundernswerten Schonungslosigkeit die

127

Existenz irgendeines Lichtes oder einer Hoffnung nicht sehen oder sehen können oder wollen.

Und das ist das, was mich vom Bernhard unterscheidet und was – wenn wir uns getroffen hätten – als Distanz von beiden Seiten spürbar geworden wäre. Ich bin nicht jemand, der vor dem Elend, den Schrecklichkeiten der Welt die Augen verschließt, wirklich nicht, ich bin kein Kitschian, ich bin nicht der Peter Alexander, der das alles wegschiebt, aber ich bin trotzdem der tiefen Überzeugung, daß man auch gerade als Künstler dagegen versuchen muß anzukämpfen, und das vermisse ich bei den Berufspessimisten, entschuldige, es ist vielleicht ein hartes Wort, aber es ist so bei den Herren Beckett, Kafka und Bernhard.

Es ist kein Zufall, daß du auf diesem Tisch ein Bernhard-Buch liegen hast mit dem typischen und für ihn so bezeichnenden Titel »Der Untergeher«. Ich habe den »Untergeher« zwar nicht gelesen, aber ich weiß ungefähr, worum es geht. Die Geschichte da mit diesem verhinderten Pianisten und dem Gould und dem Horowitz. Aber daß ich da drinnen vorkomme, wußte ich nicht. Bernhard schreibt da: »Jährlich gehen Zehntausende Musikhochschüler den Weg in den Musikhochschulstumpfsinn und werden von ihren unqualifizierten Lehrern zugrunde gerichtet, dachte ich. Werden unter Umständen berühmt und haben doch nichts begriffen, dachte ich bei meinem Eintritt in das Gasthaus. Werden Gulda oder Brendel und sind doch nichts. Werden Gilels und sind doch nichts.«

Ich wußte nicht, daß der Bernhard das geschrieben hat. Dieser Satz beweist aber, daß der Bernhard, wie so viele, von mir nur sehr wenig wußte. Er kannte also nur – wie so viele andere auch – einen gewissen Teil, den ich ja erfolgreich überwunden habe in meinem Leben.

Mit Freund Zawinul

Sepp Dreissinger, Wien

Mit Heinrich Schiff in München

Gabriela Brandenstein

Mit Maria Bill im Studio

Mit Jessye Norman in Wien

»In Liebe« mit Chick Corea

Der Schachspieler vor seinem Stammlokal

In Weißenbach am Attersee, 1990

Sepp Dreissinger, Wien

Wenn ich wirklich nur aus diesem Teil bestünde, den der Bernhard kennt, dann würde der Satz zutreffen: »Diese Leute werden dann wie Gulda, Gilels oder Brendel und sind doch nichts«, dann würde der zutreffen. Auf die Herren Gilels und Brendel trifft der Satz in diesem Kontext zu, aber auf mich trifft er nicht zu.

Dem Bernhard kann ich nur wenig Vorwurf daraus machen, der wußte das alles offenbar nicht. Der glaubte wirklich, daß ich das bin, und bis zu einem gewissen Grad bin ich das ja auch, und wenn ich das geblieben wäre, wozu mich die Akademie machen wollte, dann hätte der Thomas B. vollkommen recht. Dann könnte er sagen, der ist ein Produkt der Akademie und ist doch nichts. Ich bin das, was ich bin, nicht deshalb, da ich die Beethovensonaten so gut spielen kann. Da würde mich das nach den Maßstäben des Bernhard treffen. Ich stimme ihm da zu. Ich schätze das auch gar nicht so besonders hoch ein. Was ich aber sehr hoch einschätze, sind meine außerklassischen Leistungen, vor allem auch kulturpolitischen Leistungen, wenn er das gesehen und gehört und beurteilt und verstanden hätte, dann hätte er es sich sehr überlegt, so einen Satz hinzuschreiben. Ich bedaure, daß er sich da so geirrt hat, aber er darf das durchaus.

Aber trotzdem gibt es zwischen dem Bernhard und mir mehr Verbindendes als Trennendes. Beide Österreicher, na gut, beide gelten wir als sehr schwierig, beide haben wir uns aber gegen diesen schwachsinnigen Kulturbetrieb erfolgreich aufgelehnt, und beide sind wir schwer zugänglich.

Das ist ja übrigens auch eine Frage des Vertrauens. Und wem kann man das schon entgegenbringen. Einen Menschen gibt es allerdings, dem ich rückhaltlos und hundertprozentig vertraue, und zwar immer, das ist meine Schwester. Wenn man von einem Menschen so etwas sagen kann, das bedeutet was.

Natürlich, wenn man bereits sechzig ist, macht man sich da mehr Gedanken, ich tröste mich und konzentriere mich auf die Musik. Das ist allerdings auch nicht unproblematisch, denn wenn ich eine größere musikalische Sache zum Abschluß bringe, dann habe ich immer das Gefühl, jetzt ist es aus, jetzt könntest du aufhören. Da habe ich das Gefühl, es kommt nichts Besseres nach. Da sage ich mir, na ja, wenn ich morgen sterbe, dann ist es a Wurscht, ich habe ja das Nötigste getan. Das ist eine Art Tod. Denn wenn ich nichts mehr mache, dann habe ich halt aufgehört. Ich könnte auch in Pension gehen und mir die Sonnenuntergänge am Attersee anschauen. Finanziell wäre das natürlich möglich. Ich brauche keinen Finger zu rühren, wenn ich nicht will.

Eine andere Frage ist, wie der Körper funktioniert. Bis jetzt bemerke ich noch nichts, aber möglicherweise muß ich mich damit abfinden, daß einfach der mechanische Apparat, also die Finger, in diesem Jahrzehnt einiges ihrer Geschmeidigkeit und Kraft einbüßen werden. Dieser Tatsache muß jeder Pianist ins Auge blicken. Ein Sänger muß sich damit schon zehn Jahre früher auseinandersetzen. Meine musikalischen Interessen sind allerdings so breit gestreut, daß ich mein musikalisches Leben fortsetzen könnte, in irgendeiner Weise. Wenn ich das reduzieren muß – noch merke ich nichts –, dann führ' ich halt Stückl auf, die ungeheuer erfolgreich sind und bei denen wenig bis kein Klavier vorkommt. Ich könnte also in dieser Richtung tätig sein. Aber, mein Gott, so ganz ohne Klavier, das wäre schon schrecklich, furchtbar.

DISKOGRAPHIE

GULDA, Friedrich
And His Eurojazz Orchestra
Music for 4 Soloists And Band No. 1
  Ron Carter, Pierre Cavalli, Herb Geller, Friedrich
  Gulda, Tubby Hayes, Freddie Hubbard, J. J. John-
  son, Rudolf Josl, Erich Kleinschuster, Rolf Kühn,
  Mel Lewis, Robert Politzer, Alfie Reece, Harry
  Roche, Stan Roderick, Sahib Shibab, Kenny
  Wheeler
  HGBS 15097 HGBS

GULDA, Friedrich
Dirigent
Andante Con Variazioni
  (Gulda)
  cd 427800-2 Ama
Concerto For Myself
  (Gulda)
  cd 427800-2 Ama
Konz. f. Violoncello u. Blasorch.
  (Gulda)
  LP 427800-1 Ama
  mc 427800-4
  cd 419371-2 Phil
Konz. f. Violoncello u. Blasorch.
  (Gulda)
  6514220 Ama

GULDA, Friedrich
Klavier
Andante Con Variazioni

(Gulda)
cd 427800-2 Ama
Die 32 Klaviersonaten
(Beethoven)
410386-1 (11 LP)
cd 415193-2 (9 CD) Ama
Concerto a quattro
(Gulda)
cd 427436-2 Ama
Concerto For Myself
(Gulda)
cd 427800-2 Ama
Fantasy For Two Pianos
(Corea)
6.42961 AZ, mc 4.42961 CY,
cd 8.42961 ZK TDC
Fantasy For 4 Soloists And Band
(Gulda)
cd 427436-2 Ama
Impressionisten
(Ravel/Debussy)
cd 415599-2 Ama
Klavierkonzerte Nr. 21 C-Dur und Nr. 27 B-Dur
(Mozart)
Wiener Philharmoniker. Claudio Abbado
2543508, mc 3343508 DG
Impromptu D 899 op. 90 As-Dur Nr. 4
(Schubert)
cd 423790-2 Ama
Impromptus Nr. 1−4 op. 90
(Schubert)
cd FSM 14201 PLD Fono
Konz. f. (2) Klavier u. Orch. Nr. 10 Es-Dur KV 365
(Mozart)

6.44154 OG, mc 4.44154 OG,
cd 8.44154 ZS TDC

Konz. f. Klavier u. Orch. Nr. 17
(Mozart)
LP 000650-0 Ama

Konz. f. Klavier u. Orch. Nr. 20 d-Moll KV 466
(Mozart)
415842-1, mc 415842-4,
cd 415842-2 DG
2726524 (2 LP) DG
cd 423686-2 (2 CD) DG

Konz. f. Klavier u. Orch. Nr. 21 C-Dur KV 467
(Mozart)
415842-1, mc 415842-4,
cd 415842-2 DG
2726524 (2 LP) DG
cd 423686-2 (2 CD) DG

Konz. f. Klavier u. Orch. Nr. 23 A-Dur KV 488
(Mozart)
6.42970 AZ, mc 4.42970 CY,
cd 8.42970 ZK TDC

Konz. f. Klavier u. Orch. Nr. 25 C-Dur KV 503
(Mozart)
2726524 (2 LP) DG
cd 423686-2 (2 CD) DG
419479-1, mc 419479-4, cd 419479-2 DG

Konz. f. Klavier u. Orch. Nr. 26 D-Dur KV 537
(Krönungskonzert)
(Mozart)
6.42970 AZ, mc 4.42970 CY,
cd 8.42970 ZK TDC

Konz. f. Klavier u. Orch. Nr. 27 B-Dur KV 595
(Mozart)
cd 423686-2 (2 CD) DG

419479-1, mc 419479-4,
cd 419479-2 DG
2726524 (2 LP) DG
The Meeting
410397-1, mc 410397-4,
cd 410397-2 Phil
Memories
Günther Rabl, Friedrich Gulda, Landschaft mit
Pianist
cd 427090-2 Phil
Moments Musicaux Nr. 1–6 op. 94
(Schubert)
cd FSM 14201 PLD Fono
Klaviersonaten op. 42 u. a.
(Schubert)
LP 000648-3 Ama
Fantasiestücke/Liederkreis
(Schumann)
cd 412113-2 Phil
Ouvertüre
(Gulda)
cd 427436-2 Ama
Quintett f. Klavier, Oboe, Klarinette, Horn u. Fagott
Es-Dur op. 16
(Beethoven)
419018-1, mc 419018-4 DG
Quintett f. Klavier, Oboe, Klarinette, Horn u. Fagott
Es-Dur KV 452
(Mozart)
419018-1, mc 419018-4 DG
Scherzo Nr. 1 D 593
(Schubert)
cd 423790-2 Ama
Scherzo Nr. 2 D 593

(Schubert)
cd 423790-2 Ama

Sonate f. Klavier Nr. 1 f-Moll op. 2,1
(Beethoven)
cd 423755-2 Ama

Sonate f. Klavier Nr. 2 A-Dur op. 2,2
(Beethoven)
cd 423753-2 Ama

Sonate f. Klavier Nr. 3 C-Dur op. 2,3
(Beethoven)
cd 423753-2 Ama

Sonate f. Klavier Nr. 8 c-Moll op. 13 (Pathétique)
(Beethoven)
cd 423054-2 Phil

Sonate f. Klavier Nr. 11 A-Dur KV 331
(Mozart)
cd 423789-2 Ama

Sonate f. Klavier Nr. 13 B-Dur KV 333
(Mozart)
cd 423789-2 Ama
6514224 Ama

Sonate f. Klavier Nr. 14 cis-Moll op. 27 Nr. 2
(Mondschein)
(Beethoven)
6.43271 AH, mc 4.43271 CH Dec
cd 423054-2 Phil

Sonate f. Klavier Nr. 15 D-Dur op. 28 (Pastorale)
(Beethoven)
cd 423741-2 Ama

Sonate f. Klavier Nr. 17 a-Moll D 845
(Schubert)
cd 423790-2 Ama

Sonate f. Klavier Nr. 17 d-Moll op. 31,2 (Der Sturm)
(Beethoven)

cd 423741-2 Ama

Sonate f. Klavier Nr. 21 C-Dur op. 53 (Waldstein)
  (Beethoven)
  6.43271 AH, mc 4.43271 CH Dec
  cd 423742-2 Ama

Sonate f. Klavier Nr. 23 f-Moll op. 57 (Appassionata)
  (Beethoven)
  6.43271 AH, mc 4.43271 CH Dec
  cd 423054-2 Phil

Sonate f. Klavier Nr. 24 Fis-Dur op. 78
  (Beethoven)
  cd 423741-2 Ama

Sonate f. Klavier Nr. 26 Es-Dur op. 81 A (Les Adieux)
  (Beethoven)
  cd 423054-2 Phil

Sonate f. Klavier Nr. 29 B-Dur op. 106 (Hammer-
  klavier-Sonate)
  (Beethoven)
  cd 423742-2 Ama

Sonate f. Klavier Nr. 30 E-Dur op. 109
  (Beethoven)
  cd 423754-2 Ama

Sonate f. Klavier Nr. 31 As-Dur op. 110
  (Beethoven)
  cd 423754-2 Ama

Sonate f. Klavier Nr. 32 c-Moll op. 111
  (Beethoven)
  cd 412114-2 Phil
  cd 423754-2 Ama

Variationen f. Violoncello u. Klavier Nr. 3 F-Dur op. 66
  (Ein Mädchen oder Weibchen)
  (Beethoven)
  6514220 Ama

Das Wohltemperierte Klavier, Teil 1 u. 2

(Bach)
412794-1 (5 LP), mc 412794-4 (3 MC),
cd 412794-2 (4 CD) Phil
0188·042 (5 LP) Ama

GULDA, Komponist
Concerto a quattro
Pierre Cavalli, Friedrich Gulda, Freddie Hubbard,
Ferdinand Povel, Klaus Weiss, Phil Woods
cd 427436-2 Ama
Opus Anders
6.492 (LP) Ama
Concerto For Myself
Wayne Darling, Friedrich Gulda, Michael Honzak,
Münchener Philharmoniker, Friedrich Gulda
cd 427800-2 Ama
Fantasy For 4 Soloists And Band
Pierre Cavalli, Friedrich Gulda, Freddie Hubbard,
Ferdinand Povel, Klaus Weiss, Phil Woods
cd 427436-2 Ama
Concerto For Ursula
Ursula Anders, Martin Haselböck, Berliner Philhar-
monische Streicher, Heinrich Schiff, Wiener Bläser-
ensemble, Friedrich Gulda
cd 419371-2 Phil
Konz. f. Violoncello u. Blasorchester
Heinrich Schiff, Das Wiener Bläserensemble, Fried-
rich Gulda + Variationen f. Violoncello u. Klavier
Nr. 3 F-Dur op. 66 (Ein Mädchen oder Weibchen)
(Beethoven)
cd 6514220 Ama
6497 (LP) Ama
Ouvertüre
Pierre Cavalli, Friedrich Gulda, Freddie Hubbard,

Ferdinand Povel, Klaus Weiss, Phil Woods
cd 427436-2 Ama
Wintermeditation
Friedrich Gulda
+ Sonate f. Klavier Nr. 32 c-moll op. 111 (Beet-
hoven)
cd 412114-2 Phil
Chopin And Beyond ...
(Gulda/Fuchs)
423046-2 (2 CD) Ama
Gulda Plays Gulda
(Gulda)
cd 412115-2 Phil
Play Piano Play
(Gulda u. a.)
423043-2 (2 CD) Ama
7 × Gulda – Gulda, Schiff, Bill –
(Gulda/Beethoven)
mc 429075-4 Ama
Liberation
(Gulda)
cd 415605-2 Ama
Wanderer, Der
(Gulda)
cd 415606-2 Ama
Geschichten aus dem Golowiener Wald
(Div. Komp.)
LP 000649-0 Ama
The Complete Musician
0189.014 (5 LP) Ama
Tales of World Music
302 Ama

Zum Autor

Kurt Hofmann, geboren am 1. Juli 1954 in Hüttenberg/
Kärnten, ist seit 1980 Redakteur im ORF-Landes-
studio Salzburg. Zahlreiche Interviews (u. a. in »Der
Spiegel«, »Die Zeit«, »Le Nouvel Observateur«, »La
Repubblica«) mit verschiedenen Persönlichkeiten aus
Kunst und Kultur: von H. C. Artmann bis Felix Mitte-
rer, von Francisco Araiza bis Gisela May, von Helmut
Berger bis Erika Pluhar.

Stichwort

Die neue Informationsreihe im Heyne Taschenbuch vermittelt Wissen in kompakter Form. Anschaulich und übersichtlich, kompetent, verständlich und vollständig bietet sie den schnellen Zugriff zu den aktuellen Themen des Zeitgeschehens. Jeder Band präsentiert sich zweifarbig auf rund 96 Seiten, enthält zahlreiche Grafiken und Übersichten, ein ausführliches Register und eine Liste mit weiterführender Literatur.

Autismus
19/4019

Asylrecht
19/4005

Börse
19/4008

Buddhismus
19/4015

**Bundesrepublik
Deutschland**
19/4011

CDU
19/4017

Deutschland
19/4001

DM
19/4021

EG
19/4000

Freimaurer
19/4020

**GUS:
Völker und Staaten**
19/4002

Habsburger
19/4022

Islam
19/4007

30. Januar 1933
19/4016

**Die Katholische
Kirche**
19/4010

Klima
19/4009

Marktwirtschaft
19/4003

Österreich
19/4012

Ozonloch
19/4014

Psychotherapien
19/4006

Schweiz
19/4013

SPD
19/4018

Wilhelm Heyne Verlag
München

HEYNE
BÜCHER

Das Portrait

Renommierte Journalisten über Personen unserer Zeitgeschichte – Mit detaillierten Biographien, ausführlichen Zeittafeln, interessanten Zitaten und vielen Fotos.

ARNIM BECKER
VÁCLAV HAVEL

19/501

Außerdem lieferbar:

Barbara Kerneck
Boris Jelzin
19/504

Hans Jürgen Jakobs/Uwe Müller
Rudolf Augstein
19/507

Ludger Fertmann
Björn Engholm
19/509

Michael Aris
Aung San Suu Kyi
19/510

Claudine Vernier-Palliez/
Benjamin Auger
Dalai Lama
19/511

Wilhelm Heyne Verlag
München

HEYNE BIOGRAPHIEN

Biographien zum Thema Musik

12/205

12/188

12/201

12/129

12/200

12/3

12/80

Wilhelm Heyne Verlag München